経済の不都合な話

ルディー和子

JN146679

日経プレミアシリーズ

まえがき

変化の時代と言われるように、経済やビジネスの世界でも、これまで「常識」とされてきたことが次々に覆されている。

たとえば、経営者なら肝に銘ずべきとされた「企業の目的は顧客を創造することだ」というドラッカーの金言はもはや通用しない。富士フイルムはアナログ写真フィルムの購買者が激減し、新しい顧客を求めて新市場を開拓せざるを得なくなった。ネットの世界に住む企業は有形固定資産が少ない分、変身も比較的簡単だ。既存市場での競争を避けて事業内容を大幅に変える例は多くみられる。

創造した既存顧客を捨て（あるいは顧客が消滅したために、やむを得ず）、新しい顧客を対象に新しい事業を始める企業はもう珍しくない。

だが、顧客を捨て、既存市場から撤退してまで会社は生存し続けなくてはいけないのか。

会社が存在し続けなくてはいけない正当な理由などあるのだろうか――。

マーケティングや経済学の教科書に書かれている「顧客が知覚する価値が価格を決める」という考え方も、実際には共通認識とは言えなくなっている。価格は価値のひとつだと言い切る小売業の名経営者もいるくらいだ。アマゾンや楽天といったｅコマースのサイトをみれば、価格が価値の一要素になってしまっていることは歴然としている。

変化の時代は、感情優位で意思決定がなされる。米国大統領選挙やヨーロッパにおける英国のＥＵ離脱の流れを受けて、いわゆる知識層は感情的に動く世情を憂えるコメントを出す。人間は理性的に意思決定すべきだと言う。

以前から不思議に思っていた。

なぜ政治家・官僚や知識人は、人間が理性的であることを前提として法律や組織をつくろうとするのだろう――。

デフレに悩む各国において金融政策を指揮する経済学者にしても、「合理的経済人」を前提とする政策を実行している。それが、理論どおりにインフレ目標が達成できない理由だ。

金融危機以降、危機を予測できなかった主流派経済学への風当たりは強い。批判の大部分は、人間の感情を含めた心理を無視して数式モデルを構築したことに向けられている。経済学者は人間の感情を無視してもよいと考えているわけではないが、彼らに感情すらも数式化しなければいけないと考えている。数式化できなければ科学とは言えないからだ。

本書では、「人間の感情さえも数式化できる」と経済学者に思わせるほどの影響を与えた2人の知識人にスポットライトを当ててみた。17～18世紀の知識人の多くは優れた数学者でもあった。そして、彼らは感情は悪しきものだとみなし、人間は感情に左右されず論理的に意思決定をすべきだと考えた。数学に長けた先人がつくりあげた合理的意思決定手法と数式を採用したことが、現代の経済学が抱える矛盾につながっている。

人間の認知プロセスは、情報をありのままに受け入れ処理する仕組みにはなっていない。これは行動経済学や神経科学で、またAI（人工知能）との比較で明らかにできる。認知プロセスにおけるバイアスは人類が環境に適応するために生まれたものだ。感情は、合理的意思決定の妨げになることもあるかもしれない。だが、感情と論理的思考とが協力しあわなければ、「何を食べるか」といった簡単なことさえ決められないことは科学的にも証明されている。

それにもかかわらず、知識人や政治家・官僚といったエリートは「人間は理性的で論理的かつ合理的に意思決定すべきだ」と考え、その前提のもとに社会システム（制度、体系、体制）を構築してきた。

そして、いま私たちは、「感情」の本来の役割を知らず、「理性」に反する動物的側面とみなしたことによって、手痛いしっぺ返しを受けている。

人間は、経済的レベルがある程度以上で、自分だけ損をしているという不公平感が少ないときには理性的でいられる。第二次世界大戦後、先進国の多くがそういった社会状況にあり理性が保たれた。感情が席巻する社会は異常ではない。理性的でいられた時代が60年以上続いたことのほうがアブノーマルなのだ。

感情が理性より優位に立つ時代において、企業はそして経営者はどう対処すべきかの筆者なりのアイデアも本書で提案した。ここでは「世界観」と「共感」がキーワードになるが、この世界観や共感は通常使われる意味合いとは少し異なる。

企業とは、あるいは経営とはこうあるべきだと長い間信じられてきた考え方に反論し、経済学という権威ある学問に疑問を投げかけるのには、少なからず勇気を必要としました。この時代に生き働く読者の皆様方に、なんらかのアイデアやヒントを少しでも得ていただくことができたとしたら、筆者にとってはこれ以上ない喜びとなります。

2018年6月

ルディー和子

目次

会社存続の動機は、経営者のエゴ？
「従業員のため」という建前

第2章

価格と価値に翻弄される人々

価格と価値の逆転――「流通の神様」の託宣
アマゾンでは価格は価値のひとつに過ぎない
スーパーが見下されていた時代
化粧品業界が固執した価格
メーカーと小売りの30年戦争
小売業が住む「弱肉強食」の戦場
顧客なんて「不実な愛人」みたいなもの
マクドナルドの挫折
ユニクロの心理はメーカーか小売りか

第3章

科学になりたかった経済学

経営学やマーケティングに理論などない
教科書どおりにインフレにならない理由
「日銀の約束」など誰も信用しない
経済学者は愚かなのか、それとも……
物理学への憧憬
定職に就けなかった経済学の祖
経済学は厳正科学になりたかった
「合理的経済人」が感情の産物という皮肉
ノーベル経済学賞が逃れられない後ろめたさ
「美しい数式」と、絵画や音楽の不思議な共通点
数式に魅了され、人間社会を誤認する

第4章

ギャンブルが生んだ机上の論理

経済学の矛盾をもたらした元凶
数学とギャンブルの不可分な関係
どこか腑に落ちない確率論
神の存在を賭ける、ということ
なぜ「神を信じる」のは合理的なのか
父親の嫉妬と画期的理論
サンクトペテルブルクのパラドックス
客観的価値と主観的価値
「主観的価値判断の数式化」の罪と罰

第5章 人類とAIの超えられない壁

なぜホモ・サピエンスは「アバウト」なのか
社会科学のレノン&マッカートニー
行動経済学の正しさは、実社会が証明する
人間の脳は、欠陥品だが優れもの
「過去の自分がいまの自分をつくる」
「安かろう悪かろう」という認知バイアス
1割くらい重くないと、重量の付加に気づかない
客観的価値は正確に認知できない
対数に変換された感覚刺激
損失を過大評価する人間の性《さが》
現状維持バイアスの恐るべき威力
「変えなくては」と思ったら、もはや手遅れ

第6章

大企業が機能しない神経学的理由

写真提供:アマナイメージズ

第1章 「会社は存続すべきもの」という欺瞞

会社は必ずいつかは消える存在

「会社は継続しなくてはいけない」と、経営者が口にするのを最近よく耳にする。日本航空が２０１０年に会社更生法を申請したのに始まって、２０１６年には、液晶テレビでは世界一と豪語していたシャープが海外企業に買収される。

それ以外にも、倒産するなどありえないと思われていた一流企業が債務超過に陥ったとか、上場廃止になるかもしれないといったニュースが流れてくる。そういった状況をみると、「自分の会社がつぶれることなどない」という考えは、たんなる思い込みだということに気がつく。

事実、最近の調査によると、会社の寿命はどんどん短くなっている。１９８０年代に「会社の寿命は30年」と言われたものだが、東京商工リサーチの調査によると、２０１４年に倒産した企業の平均寿命は23・5年だそうだ。世界的にみても、クレディスイスの調査によれば、S&P５００に入っていた企業の平均年齢は１９５８年には60歳だったのが、２０１２年に20歳を切っている。

先の読めない変化の時代において、「存続すること」、つまり「経営破綻しないこと」が、会社経営の最重要事項となることはよくわかる。だが多くの企業が、存続するために事業内容を大きく変えている状況をどう理解したらよいのだろうか。

たとえば、富士フイルムといえば、デジタルカメラやスマートフォンが普及し始めた２０００年以前に生まれた世代なら、アナログ写真フィルムを思い起こすことだろう。が、いまでは、そういった事業は、富士フイルムホールディングス総売上の15％に満たない。

そして、日本で最初に交流サイトを立ち上げソーシャルネットワーキングサービスの先駆者だったミクシィは、いまでは、売上の93％、利益の98％をゲーム事業で得ている。

80年代にはファッションのマルイといわれ、若者をターゲットとする百貨店事業を展開していた丸井も、ネット通販大手でアマゾンと戦っていたはずの楽天も、小売事業よりも金融サービスからの利益のほうが大きい。総利益に占める金融サービスからの利益の割合は、丸井の場合は87％、楽天の場合は55％となっている（２０１６年度）。

それぞれの事情は異なっても、こういった企業は存続するために大きく事業内容を変えている。たとえば、楽天市場が属するｅコマース市場の成長率は高い。だが、その市場で大きく伸び、競合他社からシェアを奪っているのはアマゾンだ。理由は、消費者に便利さを提供する点においては、他の競合相手から一歩も二歩も抜きんでているからだ。

楽天は、アマゾンの即日・翌日配送や無料配送を自社でも採用するつもりで、いったんは全国8カ所に物流センターを展開すると発表した。が、これを2014年に白紙化している。この時点で、アマゾンと同じ土俵で戦うという選択肢を放棄したのだと推測できる。そして、楽天市場の成長鈍化を補うために、金融を中核とするサービス業という他の市場（土俵）で戦うことを選択した。同じ理由で、衣料品中心の百貨店事業では成長が望めないと判断した丸井も金融サービスに力を入れている。

このように、最近では、存続すること自体が企業経営の目的となり、そのために、本来の事業から他の事業に移行していく例をよくみるようになった。

東商リサーチの調査をみるまでもなく、人間からなる会社組織は必ずいつかは死ぬ。米国経済の象徴だった自動車メーカーのGM（ゼネラル・モーターズ）が米連邦破産法の適用を申請したり、世界に羽ばたいていたはずの日本の家電メーカーが、あれよあれよという間に飛べないニワトリ化するのを目撃すれば、企業の寿命が短くなっていることは実感できる。

20世紀末に生まれたデジタル産業における新旧の入れ替わりの速さは、ただ驚くのみだ。ポータルサイトのヤフーも米国では消えてしまった。

だから、企業の目的は存続することだと言い切る経営者の心理もよくわかる。

だが、生き続けることを目的として企業が存在する……というのは、よく考えてみるとおかしな論理だ。

顧客に見放されても、生き残る方法

日本の多くの経営者がいまでも信奉するピーター・ドラッカーは、1950年代に出版された経営書において、「企業の目的の正しい定義はただ一つ。顧客を創造することだ」と書いている。だが、この論理は実際にはもはや通用しない。

テクノロジーの急速な進歩、グローバル化による競争激化、そしてとくに日本で顕著な少子化による市場の縮小……といった厳しい環境に適応して生存し続けるために、多くの企業は創造した顧客を捨て、新しい顧客を対象に新しい事業を始めている。顧客を捨てたという言葉の聞こえが悪ければ、従来の顧客が激減したために、新しい顧客からなる新しい市場に進出することを余儀なくされたと言い換えてもよい。たとえば、富士フイルムがいい例だ。

富士フイルムは2006年に社名を変更している。それ以前は、「富士写真フイルム」で、1934年の創業以来、基幹事業は写真フィルムの製造だった。ピーク時には日本全国で3万4000店の写真店が散在し、こういった「写真屋さん」で、アマチュア写真家はフィルムの現像、焼き付け、引き伸ばしをしてもらった。

写真フィルム関連事業は、富士の2000年度の総売上の54％を占め、利益の3分の2を稼ぎだしていた。が、2000年を境として、デジタルカメラが急速に普及。写真フィルム事業の売上は毎年200億円単位で消えていき、2010年度までの10年間で、売上規模が2500億円も縮小した。

顧客（市場）が消えていくという危機的環境のなか、富士は、会社の存亡をかけて、事業内容の大幅な入れ替えを断行した。10年の間に6500億円を投資して約40社を買収。2016年度の事業内容をみると、2000年には売上の54％を占めていた写真フィルム・デジタルカメラ事業は15％に、その代わりに、医薬・医療品、化粧品、液晶用フィルムを取り扱う事業が39％、また、子会社の富士ゼロックスを中心とするドキュメント事業が46％を占めるようなポートフォリオに変わっている。

会社は存続の危機を乗り切ったかもしれない。だが、基幹事業だった写真フィルムの顧客の多くとの関係は消滅した。

ある程度の年齢の日本人なら、富士フイルムの「お正月を写そう！」テレビCMを覚えていることだろう。振袖姿の樹木希林がコミカルな役を演じるコマーシャルで、40年以上続いており、お正月の風物詩の一つになっていた。最初こそ、正月の写真をフジカラーフィルムで撮影し、かつフジカラープリントで現像・焼き付けするのを促すコマーシャルだった。が、いまでは、スマホやデジタルカメラで撮った写真をプリントしてフォトアルバムなどを作成するサービスを紹介するものに変わっている。しかし、撮影した写真をデジタル保存するだけでプリントしない人の割合は約70％という調査結果もある（日経新聞調査）。

ドラッカーが書いたように「企業の目的は顧客を創造することだ」としても、いまの変化の激しい時代においては、対象顧客を変えざるを得ないこともある。企業は同じ顧客の維持だけを考えていては生き続けることはできないのだ。

コダックに多角化を断念させた圧力

「富士フイルムは顧客（市場）の消滅を多角化で乗り切った。それと比べて、コダックは情けない。先見の明がなかった」……2012年にイーストマン・コダックが米連邦破産法第11条を申請したとき、富士とコダックとを比較して前者を褒め上げたのは、日本のメディアだけではない。欧米の経済紙も、富士の積極的多角化政策を称賛した。

2000年の世界の写真フィルム市場シェアでは、コダック38％で富士フイルム37％。互角であった。が、10年後にはかたや多角化に果敢に挑戦し、ある程度の成功をおさめ、少なくとも会社は存続している。なのに、1888年創立のコダックは124年で寿命がつきた。多角化戦略をとらなかったとコダックは批判され、富士の経営判断は絶賛された。

その評価は正しいのだろうか？

実際のところ、コダックは、80年代に、医薬品事業、医療機器事業、複写機事業といった分野に多角化をしていた。当時の経営陣が、アナログ写真フィルムの将来性を懸念し、長期的観点から新しい事業に進出しなければいけないと判断したからだ。コダックの当時の事業ポートフォリオは、富士が２０００年以降に多角化した事業ポートフォリオに類似している。写真フィルム製造で培われた技術や知識に親和性ある事業を選んだ結果だろう。コダックに先見の明がなかったわけではない。

こういった事業を発展させていれば、アナログフィルム市場が消滅してもなんとか会社を継続していけたかもしれない。だが、90年代になって、コダックは、多角化された事業をあいついで売却した。後知恵で考えれば「なんてバカなことを」した理由は、株主の要求に応えるためだ。

90年代の米国では、主要企業の株の半分以上を機関投資家である年金基金がコントロールするようになっていた。そして、年金基金は年金を運用するという性格上、短期的に売り買いして儲けるのではなく長期投資を目的とするため、株価や株主還元の上がり下がりに敏感に反応し、経営にも口出しするようになっていた。そして、機関投資家が会社に求める内容も、80年代の要求とは異なるものになっていた。

70年代から80年代にかけて、米国の製造業は、低価格で高品質な日本からの輸出品、例えば、家庭用電気製品、自動車、半導体との競争にさらされていた。製造業では世界の先端をいっていると思い込んでいた米国企業は、東洋の後進国だったはずの日本がいつのまにか自分たちよりも優れた製品を安く販売できることに驚き、かつショックを受けた。

マイケル・ポーターが1980年に出版し世界的ベストセラーになった『競争の戦略』は、そういった70年代の市場を背景に、グローバルな競争に負けないための戦略を米国企業に教えるために書かれたものだ。

そして、ポーターが主張した「コストリーダーシップ」とか「選択と集中」といった戦略を機関投資家は企業に要求するようになっていた。80年代の多角化やM&Aを歓迎する傾向は薄れ、コスト削減や選択と集中によるシンプルな経営構造を機関投資家は求めるようになっていたのだ。

コダックも世界市場において富士フイルム製品との競争に直面していた。売上高は倍増していたにもかかわらず、利益や株価は80年代より低くなっていた。利益をすぐに生むことのない多角化をやめて中核事業に集中し、コスト削減をはかることを投資家たちは求めた。それが、投資の見返りを増やすことにつながると考えたからだ。

コダックは株主の要望に応えて、多くの事業や子会社を売却した。その結果、1990年

～2000年の株主還元率比率はコダックが147％なのに対して富士はわずか11％（引用文献9の図表14と15参照）。富士は低い株主還元のおかげで、2000年には8000億円のフリーキャッシュフローをもち、自己資本比率は70％だった。M＆Aに7000億円使うことができたのも、このおかげだ。

株主は、特定の会社の存続など望まない

富士フイルムの多角化を進め消滅する市場から会社を救った立役者である富士フイルムホールディングス会長の古森重隆氏は、雑誌のインタビューで、「経営者にとって最も大事なのは、会社を生き延びさせることです。私は富士フイルムを一流企業として存続させなければいけないと考えてきたんです」と胸中を語っている。

せっかく買収した事業を売却しなければいけなかった90年代初めのコダックの経営者にインタビューしたら、「私は、会社の所有者である株主の要望に応えて事業を売却しました。先輩の経営者たちは会社の将来を思って多角化したんだと思いますけどね」と語ったかもしれない。

観点を変えて、株主の立場に立って考えてみよう。たとえば、多角化に反対したコダックの株主にしてみれば、莫大な手許現金を他社とのM&Aに使って将来の企業価値を高めてくれるのなら問題ないが、買収や合併で短期的に売上が上がっても、利益が上がるかを見極めるには時間がかかることが多い。

そのうえ、進出していく複写機市場にはキヤノンやゼロックスといった強敵がいたし、医薬品・医療機器市場にも3Mがいた。ヘルスケア市場に将来性があるというのなら、そういった市場での競争に勝つかどうかもわからないコダックの株をもっているよりは、すでに実績をあげている3Mの株を自分たちのポートフォリオに加えたほうが得策ではないか？　そう考えるのは至極論理的だ。

つまり、株主にとっては、手許現金から大きな投資をして新しい分野に進出していくコダックのリスクにつきあう必要はない。それよりも、現金を配当するなり自社株買いをして株価を上げるなどの株主還元に使ってくれたほうがありがたい。

株主は破綻することがわかっている株をもっていたくはないが、その可能性を予測して事前に売却することはできる。そして、売却で得た金で、将来性ある市場で成長する見込みが高い会社の株を買いポートフォリオに加えればよい。

株主は、会社の所有者かもしれない。が、だからといって、特定の会社の存続を真に望んでいるわけではない。

顧客を捨てて、変身する企業

富士フイルムは顧客を捨てたわけではない。デジタルカメラやスマホを選ぶ顧客のほうが多くなり、かつて存在していた市場そのものが消えたのだ。だが、企業が意図的に顧客（市場）を捨てる例もある。市場は存在していても、その市場での競争に負けた。結果、会社として生存するために、他市場への進出を選ばざるを得なくなった。こういった例はネット関連業界に多くみられる。

たとえば、日本のＳＮＳの草分けといわれるミクシィ（Ｍｉｘｉ）は、いまでは売上の93％、利益の98％をゲーム事業から得ている（２０１７年度決算）。

現在、オンラインゲームで有名なガンホーやグリー、ＤｅＮＡにしても、もともとは、ＳＮＳやオンラインオークションを目的としたサイトを運営していたが、途中で、ゲーム運営会社に変身した。そのなかでも、ミクシィの変身は、交流サイトの会員数がピーク時には2000万人となり成功していただけに注目された。

ミクシィは、2004年2月にSNSを開始している。フェイスブックの創業者マーク・ザッカーバーグが、ハーバード大学で学生間の交流サイトを立ち上げたのも、くしくも同じ04年2月。ミクシィは世界的にも早い時期にネットでの交流サイトをたちあげたパイオニアといえるだろう。

日本最初のSNSとして熱狂的に迎えられ、若者の間では一日中サイトをチェックしないと気がすまない「M・i・x・i依存症」や、反対に、自分のコメントに反応がないと気になるし、反応があればすぐに返事をしなければと義務感や罪悪感を持つ……など、ネット上でのコミュニケーションのやりとりで疲労困憊する「M・i・x・i疲れ」などという言葉も流行した。

それくらい、ミクシィの会員は熱心なファンから成りたっていた。

06年に上場する前に、会社が赤字運営から抜け出せないというニュースが流れたときがあった。そのニュースを聞いたファンたちが自発的に集まり、「M・i・x・iがなくなったら困る」と黒字化をもたらすビジネスモデルを考える会議を開いたくらいだ。

また2011年、フェイスブックの人気が高まり既存会員が移っていくなかで、ミクシィは流れを止めるために、既存の機能やルールを相次いで改善した。会社にとっては改善かもしれないが、一部のファンにとっては改悪と思われたのだろう。大反対運動がおこった。反対運動の中心となったコミュニティには20万人以上が集まり、1万7000人を超える署名が集まったという。

これほど積極的で熱心に反応してくれる顧客はなかなか見つからない。だが、上場会社であるミクシィには、こういったロイヤルな顧客に後ろ髪をひかれる思いを断ち切っても、ゲーム市場に移らなくてはいけない理由があった。売上を上げ、株価を上げなくてはいけないという理由だ。

ミクシィの盛衰を時系列的にみると、06年に上場、07年に登録会員数が1000万人を突破。2010年には2000万人を突破したが、実際には、08年にフェイスブックが日本に進出したころから人気に陰りが出始め、利用者の多くがフェイスブックに流れていき、11年には利用者数で追い抜かれた。

その後も、ツイッターとかLINEといった競合に顧客を奪われる。サイトを訪れる利用者数が減ることは広告収入が減ることを意味する。2010年度には売上の80％を占めていた広告収入が12年に急減するとともに業績が低迷。一時は、身売りを検討しており買収されるのではないかというわさも流れたくらいだ。

ミクシィも手をこまねいていたわけではなく、広告収入の激減をゲームの課金収入で補おうとした。それでも、その頃、本業はあくまでSNSだった。2012年当時、「ゲームは、本業であるSNS事業や、コミュニケーションだけを楽しみたいユーザーに何のメリットがあるのか？」という質問に、創業者であった社長は「安定的にゲーム事業を拡大することで、その経営資源を、よりコミュニケーション分野に注力していける」と答えた。自分たちはSNSからゲームサイトに変身したグリーのようになることはない。ゲームはあくまで本業を支える副業の位置づけだ、と説明している。

ところが、幸か不幸か、13年に発表したスマホゲームのモンスト（モンスターストライク）が大ヒットした。14年には上場以来初の赤字を出したが15年3月期には黒字転換し、低迷していた株価も1年で20倍以上上昇した。

会社にとっては幸運だったが、SNSの熱狂的ファンには不運だったかもしれない。創業者は、業績、株価の低迷の責任をとって、モンストが発売される数カ月前に社長を辞任していた。その後、ひと悶着あった末に、ゲーム事業の責任者が新社長に就任したこともあって、一気にゲームが本業になった。

先に書いたように、17年度決算では、売上、利益のほとんどをゲーム事業が生み出している。ミクシィは事業内容を大幅に変えることで生き残っている。しかし、日本最初の交流サイトに熱狂したファンたちは、いまのミクシィは昔のミクシィではないと考えていることだろう。

変化の時代において、従来の顧客を捨てて、売上をもたらしてくれる新しい市場に移ることは、もう珍しいことでもない。

顧客データをもつ企業は金融に走る

データ資本という言葉を目にするようになった。データが金銭と同じように企業の資本であり資産となってきたというのだ。顧客に関するデータもあるし、気候に関するデータもある。機械や端末機器に関するデータもあるだろう。いずれにしても、こういった大規模なビッグデータから、新たなサービスが生まれる。データが収益の源となり貨幣の代わりとなる状況を、米インテルのブライアン・クルザニッチCEOは、「20世紀に石油が世の中を変革したように、次の世紀以降はデータが世の中を変革する」と語っている。

実際には、顧客データから新たな収益源となるサービスを創造する動きは、ビッグデータの時代以前から存在していた。「顧客データを保有するようになった小売業は金融サービスを提供するようになる」という説は、多くの具体例で裏付けられる。古くは、千趣会やニッセンといった通販企業、百貨店の丸井、そして最近では、ネット通販の楽天が好例となる。

金融サービス業に進出する理由は、その高い利益性にある。

楽天は、楽天市場が表看板というか創業時の事業だったが、2017年度の数字をみると、総売上の35%を金融事業が占める。営業利益では総利益の44%。（旅行以外にもフリマなどのネットサービスを増大しているため金融事業の売上・利益に占める割合は前年より落ちている）。

丸井は、バブル時代にはDCブランドで若者を取り込み、「ヤングファッションのマルイ」といわれた。だが、いまの決算内容は、小売業なのか、金融業なのかわからない。金融サービス事業の営業利益は総利益の86％を占め、小売事業の営業利益の3倍を超えている。

楽天や丸井は、本業である（であった）小売業によって生み出された顧客ベースをもとに金融サービスを提供することで利益を生み出す方式を採用している。両社ともに、金融事業ではなく、いま流行りの言葉でフィンテック事業と呼んでいるが、このビジネスモデルは昔から存在した。

古典的な例は米国のシアーズ・ローバックだ。１８８６年にカタログ通販を始めたシアーズ（Sears, Roebuck & Co.）は、通信販売だから、当然のことながら、住所・氏名・購買日や購買商品といったデータが自動的に集まる。すでに１９２０年代後半には、顧客数は２０００万名を超えていたという。

シアーズの金融サービスの提供は、１９１１年に、地方の農家がカタログに掲載されている高額な耐久品を分割払いできるようなサービスを提供することから始まった。モノを買ってもらうためにお金を貸すわけだ。この点は、日本の丸井が１９３１年の創業時に月賦販売でモノを売ったのと同じ考え方だ。

銀行が一般消費者にお金を貸すことに消極的だった時代には、小売業者だけでなく自動車メーカーも家電メーカーも、消費者に自らお金を貸してモノを販売した。

米国では、１９２０年代に、ＧＭがローン・サービスを提供しはじめた。これにより、高額所得者層でなくてもクルマの購入が可能になった。

日本でも、トヨタ自動車は１９５０年に月賦販売制度を確立。そして現在、消費者への自動車ローン、法人客へのリース契約、ディーラーへの貸付業務を中核とするトヨタの金融事業は、総売上高の６％、営業利益の11％を占める。売上高利益率では、金融事業は12％で自動車事業の７％よりかなり高い。小売業や製造業者が金融サービスを始めた場合、金融事業のほうがモノをつくったりモノを売ったりするより利益性が高いのは当然だ。

モノをつくり販売して獲得した顧客基盤（顧客ベース）がある。顧客基盤は顧客データだけでなく顧客との関係性をも含む。

ある程度の顧客ベースを背景に、顧客一人ひとりと金をやりとりすれば、（とくにデジタル時代においては）コストをかけずに利益を生み出すことができる。それでも、メーカー（製造業）は、90年代の米国ＧＥ（ゼネラル・エレクトリック）のような例を除いて、金融サービスへの多角化を積極的に進めるところまではいかないことが多い。

だが、先に紹介したように、顧客データを保有するようになった小売業は、必ずといっていいほど、金融サービスを提供するようになる。そして、「金融サービスを始めた小売業は本業が衰退する」という説もあり、これも、いくつかの具体例で裏付けられる。先述したシアーズ、最近の例として英国のテスコを紹介しよう。

ピークを極めたときが、衰退の始まり

先述したように、1886年にカタログ通販会社として創業したシアーズ・ローバックは、20世紀になって高速道路網が米国全土に広がっていくのに合わせて店舗販売も開始した。

1931年には、オールステートというブランド名で自動車関連部品を販売していた関係から、そういった商品の購買客を中心に自動車保険を通信販売するオールステート保険会社という子会社を設立している。そして、1953年にはリボルビングクレジットカードを発行し、所得がそれほどない客でも高額品を躊躇することなく簡単に買える仕組みを提供した。

30年代から60年代までは、金融サービスは、あくまで顧客の便宜性を高めるための付加サービスの要素が強く、ビジネスの中心はモノの販売だった。

70年代には、100億ドルの売上を誇る米国一の小売業に成長したシアーズだったが、ピークを極めたときが衰退の始まりでもあった。専門店やウォルマートのようなディスカウントストアが台頭して、小売業での競争が激化するなか、売上が停滞。その穴埋めをするために、当時の経営者は利益率が高い金融事業の成長を促進すべきだと考えた。貯蓄貸付組合（貯蓄と住宅ローンに特化する米国の中小金融機関）を買収し、80年代には不動産会社や証券会社まで買収した。

こういった手法は、多角化の理想とされ、世界のビジネスマンから絶賛された。日本でも西武流通グループは、70年代後半に、小売業やビジネス全般におけるノウハウを導入する目的でシアーズと協定を結んでいる。

90年頃までには、子会社が発行したクレジットカードは6000万人の会員をもち、消費者ローンは280億ドルまでに増大。小売事業部の利益率が2～3％だったのに比べて、クレジット事業部の利益率は2ケタ台。クレジット事業部の売上は企業の収益全体の10％だったが営業利益の70％を占めるまでになっていた。

企業価値向上を求められる経営者としては、利益性の高い事業を推進しようとするのは当然だろう。だが、金融事業拡大のための買収にかかる負債も増え、結果として、本業である小売業への投資が制限された。必然的に、本業の小売業の業績はさらに悪化。結果として、90年代になって、買収した金融関連会社を次から次へと売却するはめになっている。その後、本業である小売業の活性化を何度も試みているが、成功はしていない。

金融業を始めると、本業がバカらしくなる？

英国ナンバー1のスーパー「テスコ」でも同じようなことが起こった。創業1919年。最初は食品中心のスーパーマーケットだったが、衣料品や家電、家具も売るようになった。日本でいえば、イトーヨーカドーやイオンと同じ業態だ。

95年にポイントカードを発行し、収集した顧客データベースをもとに、生命保険、旅行保険、ローンの販売も始め、97年には銀行も設立した。ちなみに、シアーズの多角化を日本の西武流通グループが理想としたように、イオンはこのテスコの戦略を手本としてカードビジネスや銀行業に進出したと筆者は考える。

だが、2012年ごろから本業の小売業の売上が減少しはじめた。ドイツから安売り店が進出してきたこともあるが、なによりも、金融サービス、海外進出やレストラン、コーヒーショップなどへと多角化を進めるなか、英国の消費者のライフスタイルや購買習慣が変化していることを見過ごしたことが要因だといわれる。１６００万人の顧客データの分析に基づくパーソナライズされた販促活動やＰＢ開発では世界一と讃えられたテスコが、消費者の変化を見逃したと批判されるようになったのは皮肉だ。

業績悪化を隠そうとしたのだろうか、利益を水増しした不正会計が発覚し、14年秋には株価が1年前の半分に下落。その年の決算で、過去１００年で最大の損失も計上した。そのために、外部からは、収益性が高くテスコグループの利益の20％を稼いでいるテスコ銀行を売却したらどうか、という声も出るくらいだった。付け加えれば、テスコは現在、小売業活性化に奮闘努力している。

このように、顧客ベースをもった小売業が始める金融サービスは固定費が低く成功するようにできている。だが、問題がある。利益率が低く、場合によって、粗利の1円、2円の違いで目の色を変えるスーパーなどの小売業をやっていると、利益率も利益額も高い金融サービスを始めることで、小売業という商売がバカらしくなってくるのだ。

「バカらしくなる」という言葉には語弊があるかもしれない。もう少し実際に近い説明をすれば、本業が大事だと思っていても、無意識のうちに、利益性の高い金融サービスへの投資を優先してしまう。いや、「無意識」という言葉も間違っているかもしれない。投資効果の高いセグメントに投資をするのは、企業価値向上を求められる経営者としては当然のことだ。だから、システム改善とか、あるいは人材確保においても、利益が高く収益に貢献している金融事業のほうを優先してしまうのだろう。

その結果として、シアーズやテスコのように、店舗が何となく薄汚れた感じになり、店員の数も減りサービスも悪くなる。活気のない店舗からは顧客が離れていく。

コア事業をおろそかにした末路

もちろん、だからといって、楽天や丸井が同じ運命をたどると主張しているわけではない。だが、両社ともに、本業であった小売業の売上が鈍化・停滞していることは事実だ。

楽天や丸井のような小売業が金融サービスを始めるのは、既存顧客への付加サービスとして、提供する価値の向上（付加価値）をはかったと言うことはできる。顧客にとってみれば、モノを買っている会社から金融サービスを買うことは、手続きも簡単だし便利だ。

２００８年の金融危機のあと、世界的に銀行への信頼感が失われたなかで、自分がつねに利用してダイレクトなコミュニケーションが存在する小売業への信頼感が増した。「（小売店は）自分たちの味方だ」と考える消費者が多くなったという米国での調査結果がある。

日本でも、バブル後の不況時から伝統的銀行への不信感は継続して高いものがある。リテールバンクと言いながらも、結局は法人営業に主眼を置いている日本の都市銀行よりもサービスの質もよい。そういった意味で、小売業が消費者向けの金融サービスに入る大きなチャンスが到来していると言える。

ショッピングはあくまで集客の手段であり、その結果として構築された顧客データベースをもとに金融サービスを実行する。粗利益率が低く在庫リスクも販売管理費も高い小売業の低利益性は、利益性の高い金融サービスを創造することで正当化される。これはこれで、ひとつのビジネスモデルだ。

だが、人間が形あるものにロイヤルティを感じやすいことも事実だ。実体あるモノやそれを買った店舗や売買のやりとりをした店員……そういった具象化されたものに感情を動かされやすいのが人間だ。

サービスのデジタル化が進めば進むほど抽象化が進み、企業と顧客との関係性における感情の要素は弱くなる。シアーズやテスコの歴史は、集客手段であった小売業の競争優位が失われたとき、顧客ベースが縮小していき、結局、金融業も衰退していくことを教えてくれる。

会社は、顧客という資産をテコに、たとえば金融サービスを提供できる。顧客への付加サービスを提供することで、全体として利益性を向上することもできる。一石二鳥の戦略だ。だが、利益性を追求するあまり、ついつい顧客の感情と結びついているコア事業がおろそかになり、その結果、顧客という資産自体を棄損することもある。会社の継続化、安定化を考えて始めた金融サービスによって、かえって存続をあやうくしてしまうこともあるのだ。

楽天の三木谷浩史会長兼社長もそういった点を懸念しているのかもしれない。２０１８年になって、物流施設をいまの３拠点から10拠点に増やすなど物流網構築に再チャレンジすることを宣言している。

会社存続の動機は、経営者のエゴ？

上場企業の所有者は株主であり、収益をもたらしてくれるのは顧客だ。だが、株主も顧客も特定の会社の存続を切に願っているわけではない。株主は特定の会社の存続に固執してはいないのだから、株主の言うことを聞いていたら破綻を招くこともあると、コダックの例で紹介した。

ミクシィの例では熱狂的なファンを紹介したが、こういったファンがたくさんいればミクシィはゲーム会社に転換する必要はなかっただろう。フェイスブックやＬＩＮＥに移っていった顧客が多かったからＳＮＳ事業の業績が落ちたのだ。

株主の要求に従いたくなかったら上場しなければよい。日本でもサントリーを筆頭にＹＫＫ、竹中工務店、海外でも家具のイケア、玩具のレゴなど非上場でも大きい企業はある。

韓国銀行が２００８年に発表した報告書によると、世界で（41カ国調査）２００年以上の歴史をもつ会社は５５８６社あるという。日本３１４６社、ドイツ８３７社、オランダ２２２社、フランス１９６社と、ダントツに日本がナンバー1だ。

日本に長寿の会社が多いのは、歴史的に他国に侵略されたことがないためだと言われる。業種的には、酒、食べ物（菓子やレストラン）や旅館を生業とするところが多く、家族で継承してきた小規模企業がほとんどだ。帝国データバンクが日本の100年以上の歴史をもつ企業2万8972社を調べたところ（2016年）、従業員数50人未満が87・9％、年商10億円未満が81・8％だった。

どんな環境変化がおきても小さい組織なら融通性があり適応しやすい。そして、ターゲットを絞った商品やサービスを提供していれば、どんな時代でも一定の顧客数と売上を見込める。恐竜（図体の大きい企業）が絶滅した地球環境でも、人類の祖先であるネズミのような小さな哺乳類（小さな企業）は生き延びた。

だが、ベンチャー企業の創業者の多くは大きくなりたいという願望が強い。だから、上場して資金を得て大きくなろうとする。そして、大きくなった事業を引き継いだ歴代の経営者は自分が受け継いだ規模をもっと大きくしたい、少なくとも縮小することなく次世代にバトンタッチしたいという願望が強い。

会社が存続しなければいけない理由はまさにそこにある。人間は本能的に大きいことはいいことだと感じるようにつくられている。そして、自分の社会的地位、名誉、評判を高めたいという強い欲望があり、そういった自分の栄誉や世評が傷つくことを恐れるようにつくられている。自分の代で会社規模が縮小したり破綻することは避けなければいけない。

結局のところ、会社は、経営者の野心や自尊心、誇りに動機づけられて存続するのだ。

「従業員のため」という建前

「それは違う。経営者は従業員のために、会社を存続させ続けなくてはいけないと考えるものだ」といった反論もあるだろう。

日本の経営者の多くが、従業員の雇用を守るために会社は存続しなければいけないと考えていることを否定はしない。

だが、実際には、親会社が存続するために売却された子会社や事業部の従業員のなかには、企業文化の違い、待遇の悪化、その他によって、しばらくたつと辞めていく人も多い。構造改革で事業部がなくなり、他事業部に移された従業員のなかには、専門外の仕事をすることに不満をもつ人もいることだろう。

前述した富士フイルムも、業務内容を変えるのに合わせて組織を変えた。いわゆる構造改革を実行するにあたり、2005〜6年度にかけて写真事業では1万5000人のうち5000人規模のリストラをした。また、2009〜10年度にかけて、間接部門、研究開発部門等で5000人と、2度のリストラを実行している。

ミクシィも、上場始まって以来の赤字となるのが予測されていた2013年、400人以上いる社員のうち半分以上の配置転換を決定した。

2016年に海外企業に買収されたシャープは、その後1年間に定年退職者を含めて1000人以上が会社を去った。「在職者に占める退職者の比率は約3000人が希望退職した2015年を上回り、人材流出は止まっていない」と報じられている。会社は存続しても、ハッピーではない従業員は存在する。

日本社会に雇用の流動化が実現すれば、「雇用を守るために会社の存続を無理にはかってもらう必要なし」と考える社員も多くなるのではないだろうか？

構造改革にともない人員削減が頻繁に行われるのをみている世代は、「終身雇用制度はもう日本にも存在しない。だから、自分の身は自分で守らなければ」と、資格や専門知識で武装することを考えるようになるであろう。グローバル化が人事の分野でも進めば、中途採用、通年採用などを採用する企業も増えるはずだ。

いずれにしても、ある程度の知名度と規模のある会社はつぶれることはないという思い込みは、戦後の高度成長時代だけに通用した幻想だ。自分が就職した会社は永遠に存続するなどという楽観的考えはもう捨てたほうがいい。

第2章
価格と価値に翻弄される人々

価格と価値の逆転――「流通の神様」の託宣

アダム・スミスは、最初の経済学書といわれる『国富論』のなかで、「労働量が価値を決め、価値が価格を決める」とした。国富論が発表された1776年は、アダム・スミスが住んでいた英国で第一次産業革命が始まり、変化のうねりが社会を大きく動かそうとしている時代だった。

労働量が価値を決めるというアダム・スミス以降100年近く続いた考え方は、直感的に理解しやすい価値の定義だ。いまでも、伝統工芸品が販売されるときには、完成するまでにかかる日数が付け加えられることが多い。

漆器（漆塗りの器）が60工程をへて完成するまでに3カ月ほどかかると説明されると、お椀一つが1万円でもさもありなんと納得できる。もっとも、このとき買い手は、職人の賃金に労働量をかけた数字を価値だとみなして価格に納得しているわけではないだろう。買い手が提案された価格に納得するのは、その仕事を始めて数十年の経験を積んだ匠が3カ月をかけた手作りの製品であるというところに価値を見出しているからだろう。

労働量が価値を決めるといっても、現代では、その労働量を聞いた買い手が、その製品を手に入れ、使用することに喜びや満足を感じることが必要となる。

顧客側の満足度が価値を決めるという、現代に通じる考え方が登場するのはアダム・スミスの労働価値説から１００年後の１８７０年代となる。経済学では、効用（Utility）を顧客の満足度（モノやサービスを消費することで受け取る満足）とし、効用に基づいて価値が決まるとした。

労働量が価値を決める、あるいは顧客の効用（満足）が価値を決める。価値への考え方は違っても、どちらも価値が価格を決定することでは一致している。そして、この考え方はいまでも維持されている。

価格戦略について書かれた書籍でも、価格づけ（プライシング）の方法として、①コストにもとづく、②競合関係にもとづく——などを挙げたうえで、こういった方法を考慮しながら、③継続的利益をもたらすためには消費者が知覚する価値にもとづいてプライシングをするべし、となっている。

20年に及ぶデフレが続き、ユニクロやニトリが成長するなか、「値ごろ感」という言葉を、経営者がよく使うようになった。「値ごろ感」の意味を問われれば、多くの人は、「提供している商品（サービス）の価値に見合った価格、あるいは、それよりはちょっとお得感があると消費者が感じるような価格」と答える。価値に基づくプライシングの考え方が浸透しているからだ。ところが、最近の実際のビジネスにおいては、この常識は通用しないようだ。

セブン‐イレブンを日本に導入し「流通の神様」と言われた鈴木敏文氏は、『朝令暮改の発想』（新潮社）で「低価格は価値の一要素にすぎない」と書いている。雑誌のインタビュー記事でも、「価値と価格の関係、どうなっているのでしょうか？」という質問に、「まず、皆さんに理解してほしいことは、価格は価値のひとつだということです」と答えている。価値にもとづいて価格が決められるのではなく、価格は価値の一要素になってしまっている。

最初に、この記事を読んだときには、正直言って驚いた。「流通の神様」はプライシングの常識を知らないのか⁉

だが、しばらくたってから気がついた。「流通の神様」だからこそ、常識を否定できたのだ。消費者が知覚する価値（消費者の満足度）にもとづいて価格を決めるのはメーカーの発想だ。だが、メーカーからモノを仕入れて販売する小売業においては、昔から価格は価値をつくる一要素だった。

アマゾンでは価格は価値のひとつに過ぎない

メーカーから仕入れたモノを売る小売業にとって、価格は、品揃え、店舗サービス、配送サービスと同じく顧客に提供するサービスの価値を決めるひとつの要素となっている。アマゾンや楽天のサイトを見ればすぐにわかるように、ユーザーは、ブランド名、デザイン、色、配送方法とともに価格帯でも検索できる。アマゾンでショッピングする理由には、「配達が早い」とか「サイトの使い勝手がよい」とか「品揃えが豊富」に加えて、「価格で選べる」というのもあるはずだ。

同じ商品でも、値段の異なるいくつかの出品者をずらっと並べて比較できる。たとえば、パナソニックのヘアードライヤー ナノケア（型番も同じもの）を例にとれば、出品者によって5つくらい異なる価格で提供されていた（本書執筆時）。

条件を比較してみると、多くの場合、安いものは配送に1週間くらいかかる。そして、配送日数が短いほど価格は高くなる。配送料も異なってくる。型番も同じまったくの同一製品が価格を含む異なる条件で販売され、買い手は比較して選ぶ。いまの自分が、低価格と翌日配送と配送料金、どれに価値を置くかによって決めるわけだ。

アマゾンでは、明らかに、価格は価値の一要素となっている。

スーパーが見下されていた時代

メーカーから商品を仕入れて販売する小売業の立場から言えば、他の小売店でも同じ商品を販売しているのだから、競合店の価格より高くては売れないと考える。家電量販店で、「他店より1円でも高い場合はお申しつけください」と宣伝しているところがあり、ネットやチラシで証明できれば、安くしてくれる。

このように、小売業にとって価格は提供する価値の一部だ。だが、メーカーにとっては、自分たちが提供するブランド（商品）の価格は買い手が知覚する価値にもとづいたものでなくてはいけない。価格を下げることは価値の低下を認めることと同じになる。

メーカー（作り手）と小売業（売り手）の価格に対するメンタリティ（心理構造）は大きく異なる。そして、メーカーが小売業よりも力をもち、流通チャネルをコントロールしていたところは、価値にもとづいて価格を決める考え方が常識となっていた。が、小売業がメーカーよりも力をもつようになってからは、価格は価値の一要素に落ちぶれてしまったのだ。

小売業が力をもつようになったのは大規模小売店が登場するようになってからだ。米国では、１９８０年代にウォルマートが全国に店舗を展開するようになり、10年間で売上高は10億ドルから２５０億ドルと25倍成長している。

だが、80年代初めのＰ＆Ｇ（プロクター・アンド・ギャンブル。世界一の消費財メーカー）とウォルマート（世界一の小売業）の関係をみると、創業１８３７年ですでに１５０年近い歴史があるＰ＆Ｇは明らかにウォルマートを見下していた。ウォルマートがベストサプライヤーとしてＰ＆Ｇを選んだときも、その賞を受け取りに誰も会場に来なかったというエピソードがあるくらいだ。

メーカーとしてのＰ＆Ｇは、消費者を満足させる価値ある商品をつくり、それをマス媒体を通じて宣伝すれば十分だと考えており、小売店はあくまで流通チャネルの一要素であり消費者にはまったく影響力がない存在とみていた。力関係では小売りに大きくバランスが傾いてきているというのに、それがみえていなかったようだ。

もちろん、その後、P&Gもウォルマートのバイイング・パワーを認めざるを得なくなり、80年代末にはウォルマート専任の担当者を100人体制にして協力関係を深める方針に転換している。

日本ではスーパーマーケットの登場が流通チャネルの力関係を変えた。ダイエーの創業が1957年で、60年代後半には大きく全国へと羽ばたいた。72年には小売業売上首位が百貨店からスーパーに交代している。

ダイエー創業者の中内㓛は90年に経団連副会長就任が内定したときに、「(経済団体の集まりである)経団連の副会長になったことは流通がインダストリー(産業)として認められたことであり感無量だ」と喜びを語っている。

当時、百貨店はともかくもスーパーは、製造業や銀行と比べて下世話な商売とみなされていた。80年には元新日鉄会長で当時の経団連会長の稲山嘉寛が、「スーパーみたいな第3次産業の設備投資は注文(消費)を奪い合うためのもので、国全体の利益にならない」と、スーパーを見下した発言をし、それを聞いた中内は悔し涙を流したという。

2012年に、経団連を脱退した楽天の三木谷会長が「経団連に入っている意味もないしね、正直言って」と語ったのとは大きな違いだ。製造業中心の経団連に躍進するネット小売業が三行半をたたきつけたと言ってもいい。今は昔……である。

化粧品業界が固執した価格

消費財メーカーと小売業の関係の歴史は、ある意味、価格をめぐる戦いの歴史だ。メーカーと小売業の価値や価格に関するメンタリティの違いを明らかにするために、ブランド価値の維持、そのための価格の維持に固執した資生堂と松下電器産業（現パナソニック）の歴史を少しばかり紹介してみる。

メーカーは伝統的に自社製品が小売店で安売りされるのを嫌った。提供している商品（ブランド）に消費者が感じてくれるであろう価値にもとづいて決められた価格であり、その価格が下がることによりブランド価値自体も下がったと消費者に知覚されるのを嫌ったのだ。

戦前、独占禁止法がなかった時代、メーカーは自社商品が安売りされないように、流通チャネル内の卸売業者や小売店を系列化し、リベートやその他の特典を提供する代わりに、「決められた小売価格を守る」とか「類似商品を取り扱わない」等々の取り決めを厳守させした。このやり方を、戦後、独禁法が１９４７年に制定されてからも化粧品業界は続けようとした。

たとえば資生堂は、１９２３年に全国各地の小売店と契約を結びチェーンストア網の構築に着手した。当時は、第一次世界大戦後の世界的不況のなか、化粧品業界では値引き競争が激化し倒産する小売店が続出した。こういった不毛な価格競争から取引先やブランド価値を守るために、米国で発達していたチェーンストア・システムを採用したのだ。「資生堂製品はチェーンストアだけが取り扱えて、全国統一価格とする」と定められた。

だが戦後占領下において、経済民主化政策の一環として、独禁法が施行された。公正かつ自由な競争を促すことを目的とする法律によって、末端価格の維持を強制できなくなる。

それによって安売りの横行を恐れた化粧品業界は、定価販売を義務づけるように、独禁法とともに設立された公正取引委員会に一致団結して陳情した。結果、再販制度（再販売価格維持制度）を、１９５３年に成立させるのに成功。再販制度においては、メーカーが小売店に定価を守らせることができる独禁法適用除外製品が指定され、化粧品は歯磨き粉、石けん、雑酒、キャラメル等とともに指定を獲得したのだ。

その後、再販制度は、消費者の利益を阻害する、非関税障壁になるなど、内外から批判を受けるようになり、指定品目の数は徐々に減り、97年には廃止された（ちなみに日本では、書籍、雑誌、新聞、音楽用ＣＤなどには著作物再販制度が残っている）。

再販制度の成立から廃止まで、化粧品業界は一貫してロビー活動を続け、朝日新聞は「（政府公認の縦のカルテルといわれる再販制度が残っているのは）業者と官庁と族議員という日本社会独特の『鉄の三角関係』を維持する土台になっている」と書き、業者は利益を獲得、官公庁は行政権限の維持、政治家は官庁と業者の間に立って影響力を行使し政治献金を集められるから再販制度があると社説で批判している（１９９１年７月31日）。

メーカーと小売りの30年戦争

小売価格の維持に固執したのは化粧品メーカーだけではない。家電メーカーも同じで、町の「電気屋さん」での店頭価格をコントロールしたいがために、各社が独自のチェーンストア網を構築した。

たとえば、松下電器産業（現パナソニック）が１９５７年から系列化を進めたナショナル・

ショップ(現パナソニックショップ)は、ピーク時には全国で2万7000店あったという。こういった系列店を守るためにも、安売りをする小売店、とくに、1960年代になって台頭してきた大規模小売店との軋轢は大きかった。有名なのが、ダイエーとの30年におよぶ大ゲンカだ。

ケンカの発端は、1964年、「よい品をどんどん安く」のスローガンを掲げたダイエーが、松下の商品をメーカー希望小売価格の2割引きで販売したことにある。松下は、それを阻止するため、ダイエーへの商品出荷を停止。ダイエーが松下系列以外の問屋を探して仕入れを続けたのに対して、松下は製品に隠し番号をつけて仕入れ先を洗い出すなど対立は泥沼化。ダイエーは独占禁止法違反に抵触するとして公正取引委員会に告訴した。

ダイエーの中内㓛会長兼社長(当時)は、「流通段階での価格は流通業界の競争で決めるものだ」という信念だった。これは、松下の創業者である松下幸之助(当時会長)の「良い商品さえ作れば売れる。価格はメーカーが決めるもので、量販店といえどもそれに従うべきだ」という考え方とは相いれなかった。

量販店やネットでの安売りが当たり前の現在からは信じられないかもしれないが、どこかの店舗が価格を下げれば、追随する店舗が出るわけで、安売り合戦になる。安売りはブランド価値の低下につながりやすく、メーカーにとっては断固受け入れられないことだった。30年続いた戦いは、松下幸之助が89年に亡くなったことをきっかけにして94年に終わった。もっとも、そのときには、家電販売の主要チャネルは家電量販店に移っていたわけで、両社にとって和解が売上に影響を与える時代ではなくなっていた。

30年近い戦いのなかで、一度だけトップ同士がひそかに会談していたという。75年頃、京都の茶室「真々庵」（現パナソニック迎賓館）での出来事だ。茶の道に人間の道を重ねていた幸之助はひとしきり茶道の話をしたあと、「世の中には王道と覇道がある。王道を歩まれたらいかがですか」と語りかけた。中内は「そうですね、王道と覇道がありますね」とのみ答えたと伝えられている。

小売業が住む「弱肉強食」の戦場

定価より安く買うことが当然のようになっている現状について、いくつかの理由が挙げられている。テクノロジーの進化でコストが下がったという理由がひとつ。デフレ慣れという説もある。バブル崩壊後20年続いたデフレのなか、日本の消費者は値段が下がることはあっても上がることに慣れていない。値段が上がることへの抵抗感が強いというわけだ。

企業自身もデフレ慣れしているから、売上が下がるとすぐに値段を下げるという最も知恵のない戦略をとるという説もある。

もうひとつ、市場における力関係において、メーカーの力が衰え、小売りの力が相対的に大きくなったからだという理由も提案したい。

価格を価値の一部だと考えている小売りが流通チャネルの支配権を握った。ブランドを大切にし、安売りに大きな抵抗を感じるメーカーの力が衰えた。ネット通販が安売り志向を促進しているという説もあるが、それは、ネットというツールを効果的に利用できているのが小売業だからだという言い方に変えることもできる。

歴史を振り返れば明らかなように、小売業は市場シェアをめぐる戦いにおいては必然的に価格競争を展開する。資生堂がチェーンストア網を構築しようとしたときには、第一次大戦後の世界的不況のために乱売が横行。また、再販制度成立の背景には、朝鮮戦争による特需の反動から景気が沈滞気味であったところに、戦争需要で生産力が増大し（実際、朝鮮戦争勃発から半年余りで日本の国内生産は第二次大戦前の生産量を超えた）供給過剰傾向となった。結果、消費者用ブランド品のおとり廉売が広がっていた。

小売業は売れなくなると安売りをする。競合店から客を奪うために乱売をする。これは自然の成り行きなのだ。松下幸之助と中内㓛の禅問答のようなやりとりでも明白なように、「徳を以て仁を行う者は王たり」の王道を信じるメーカーのメンタリティは、実際に客を奪いあう戦場にいる小売業の中内にとっては非現実的で物足りないものに思えたことだろう。武力や権謀によって支配・統治しようとする覇道に生きる覇者のメンタリティがなかったら、小売りの勝者にはなれない。

顧客なんて「不実な愛人」みたいなもの

小売業が弱肉強食の世界にあることは、アマゾンをみてもわかる。世界一の小売業になるために猪突猛進。中小小売業が倒産しようと、あるいは、それを批判されようと気にしない。そういったメンタリティを教えてくれる例がある。「文化の国」フランスでの出来事だ。

アマゾンのフランス市場への参入は２０００年。売上は明らかではないが、フランスではネット通販のせいで毎年数百店の書店が市場から消えているといわれ、アマゾンはフランスの本のネット販売売上の70％を占める。

書店がつぶれるということはフランス固有の文化がなくなることを意味するとして、政府がアマゾンの活動を規制する法律を２０１４年１月に成立させた。アマゾンが書籍の配送料を無料にすることを禁じたのだ（安売りに関しては、アマゾンが市場に参入する以前、すでに１９８１年には、小さな書店を大きな書店チェーンから守るために、５％以上の割引をするのを禁じた法律をつくっている）。

さすがフランス。文化を守ろうとする国の強い意志があると感心するのはまだ早い。「アンチ・アマゾン法」と一般に呼ばれる配送無料を禁止する法律が、フランスの独立書店を守ってくれるとは楽観できない。

アマゾンは、その後、配送料を０・０１ユーロにすると発表した。ほぼ無料のようなものだ。国の文化を破壊していると批判されようが、政府に睨まれようが、ひるまない。配送無料が法律に反するなら１円にする。「覇道」と言われようが、それが小売業の生きる道なのだ。しかも、消費者も結局は覇者を選ぶのではないかという意見もある。

フランスの一般市民は自国文化を守ることに心情的には賛成でも、実際には便利さを選んでしまうとみられているのだ。書店を訪れて目当ての本がなければ、自宅に戻ってアマゾンで注文する。顧客なんて「不実な愛人みたいなものだ」とフランス的な比喩を使った書店店主は、アマゾンは今後も成長していくのではないかと憂えている。

マクドナルドの挫折

従来の小売業やメーカーの売上停滞が目立つなか、その成長ぶりで、２０００年代に注目を集めるようになったのがユニクロやニトリといった製造小売業だ。最近では、製造物流小売業と呼ぶ人もいるように、商品の企画から製造、物流、販売までを一貫して運営する。

業種は違うが、マクドナルドや吉野家といったファストフードチェーンも商品の企画生産から販売まで一貫して自社の管理下で運営している。

こういった企業の動向をみていると、商品の価格（ひいてはブランド価値）を維持したいメーカーのメンタリティと、売上が落ちてくれれば競合他社と熾烈な価格競争を展開する小売りのメンタリティ――２つの矛盾した心理をあわせもっていることがわかる。

たとえば、日本マクドナルドの２０００年ごろからの歴史をみると、不況時には小売りのメンタリティが強まり、競合他社から客を奪うために価格を下げる。その結果としてブランド価値が下がってくると、極端な安売りをやめてブランドイメージ向上作戦をとる。これを繰り返している。２０００年に、ハンバーガーの平日半額セールを実施し、１３０円のハンバーガーを65円で売るという驚くべき行動に出た。

当時のハンバーガー市場のシェアは、マクドナルド60％で1位、2位のモスバーガー20％でロッテリアが10％と、圧倒的にマクドナルドが強かった。当然のことながら、他のハンバーガー・チェーンも追随せざるを得なくなり、森永ラブなどは価格競争についていけなくなったこともあって市場から撤退した。

吉野家、松屋、すき家が三つ巴で価格競争を展開する牛丼戦争が勃発したのも、マクドナルドの値下げで牛丼の顧客を奪われるのを嫌った松屋が値下げしたのが発端だ。デフレの元凶としてマクドナルドが名指しで非難されたりもした。

当時の日本は、91年のバブル崩壊後の「失われた10年」と呼ばれる長期経済低迷が続いていたころだった。日本マクドナルド社長（当時）の藤田田は「今後10年は不景気が続き、日本はデフレ経済に入っていく。安くなければ消費者には受け入れられない。早く安く売った人が勝ち残る」と、平日半額セールを始めた理由を語っている。

藤田社長の予測があたったというか、まわりが非難したようにマクドナルドの値下げが元凶となったのか、いずれにしても、その後の日本は世界でも例のない長期間のデフレーションに入っていく。正確にいうと、総合的な物価指数を示すGDPデフレーターは98年以降15年間下がり続け、2013年までに約16%下落している。

半額セールで平日の来店客数も増え、その年には店舗売上高も過去最高を記録した。だが、それまで10代の若者や子供連れの家族が中心顧客だったマクドナルドの店内の雰囲気が変わった。40代から50代のサラリーマンの姿が多くみられるようになったのだ。

不況感が深刻になるなか、小遣いの少なくなった中年のサラリーマンが昼食を食べる場所となり、牛丼店のような雰囲気になったマクドナルドから、それまでの中核顧客だった若者や子供を連れた母親たちの姿が消えていく。

安売り効果は長くは続かなかった。2002年には低価格販売の効果が薄れ、また為替の変動で原材料費が高くなったことを理由として、ハンバーガーの平日の価格を65円から80円に値上げした。だが、客離れはさらに進み、既存店の売上が下がり、半年後には80円から59円への値下げに追い込まれた。

マクドナルドは2000年から2002年にかけて、ハンバーガーという同一商品の値段を130円→65円→80円→59円と変更した。

その結果、消費者がその商品に感じる知覚価値に混乱が生じた。価値に基づいて価格を決めていたのが、価格の改定を繰り返す間に、消費者は価格に注視するようになり、価格が価値の判断基準となってしまった。だから、値下げした商品をすぐに値上げすると、消費者の知覚価値は下げた値段にもとづくため、価値に見合わない高い値段だと判断されてしまう。

価格と価値の逆転現象が起こったのだ。

マクドナルドは価格の上げ下げを繰り返していた期間に失った「若さ」がもたらす「楽天的な明るさ」、子供と家族がもたらす「ハッピー」といったイメージを、その後も100%取り戻せずにいた。最近になって、地道な宣伝、広報、販促活動に力を入れるメーカーのメンタリティが採用され、ブランド価値の改善も進み始めたようではある。

ユニクロの心理はメーカーか小売りか

メーカーでもあるし小売りでもある製造販売物流業者は、自分の裁断で価格を変える自由がある。それどころか、値下げで利益が下がるリスクを避けるため、コストを下げる工夫をする自由度も高い。東南アジアの安いサプライヤーに移したり、ＩｏＴを駆使して物流のコスト削減をはかる工夫もできる。

だが、粗利益率（自分の取り分）を落とすことで価格を低くできるため、手っ取り早い方法として低価格に走る傾向も強い。売上が落ちると、メーカーとしてのメンタリティより小売りのメンタリティが強くなるのだ。

２０００年にマクドナルドとユニクロはデフレの元凶と非難されたが、この批判は、生産と販売の両機能を握っている企業は低価格に走りやすいという意味では正しい。

ユニクロは長い間、ブランド重視のメーカーのメンタリティを維持していた。少なくとも、２００４年に、イメージが落ちてきたのを食い止めるために、「ユニクロは低価格をやめます」という新聞広告を出していたときには、明らかにメンタリティはメーカーのものだった。

覚えている人も少ないと思うが、1900円のフリースが驚異的な人気を呼び2001年度の売上は前年から80％以上の高い成長をした。だが、この空前のフリースブームの反動のように、消費者のユニクロ離れが始まった。

「ユニバレ」と言われ、「安売り」「誰もが着ているからダサい」「ユニクロを着ているとバレたら恥ずかしい」など、ユニクロのイメージが下がってきていた。広告は、そういった損なわれそうになったブランドイメージを払拭するための明確な価値宣言だった。

22行の文章だけからなる広告は、「ユニクロはこれまでずっと、より上質なカジュアルを市場最低価格で提供しようと努力してきました。それはこれからも変わることのない、私たちの基本的な姿勢です。しかし、その低価格であることが、一部のお客様の『ユニクロは安物』という誤解につながっているのかもしれません」で始まり、「私たちは安さだけが特長となるような商品は決してつくりません……これからはさらに（品質を上げる）努力を続け、すべての商品を本当に価値のあるものにしていきます……ユニクロは……さまざまなコストを抑えることで販売価格を下げてきました。……ですから低価格をやめるからといっても、価格を下げる努力をやめるわけではありません。まずなによりも質があり、そして価格がある……」と続く。

この宣言には作り手としての自負がある。矜持が感じられる。ブランド価値を重要視するメーカーのメンタリティだ。しかし２０１５年に価格を上げたあと、既存店の売上が下がったからとして半年もしないうちに価格を下げた考え方は、明らかに小売業のそれだ。

もう少し詳しく説明すると、ユニクロは、「急激に円安が進み、原材料費も高騰した。品質を維持するためには値上げが必要だ」という理由で、14年秋に5％、15年秋に10％と値上げをした。だが、既存店客数が落ちたことを受け、16年に今度は値下げをした。

先にも説明したように、短期間の価格の上げ下げは、消費者の知覚価値に混乱を招き、商品価値を低下させる。マクドナルドや牛丼店が犯した失敗をユニクロもしたわけで、「価格戦略の迷走」とビジネス紙にも批判された。

２００４年の価値宣言をしたときの社長は玉塚元一氏だった。彼は、２０００年にマーケティング部長だった当時に、「当社は製造メーカー。小売業だという考えはなるべくもたないようにしている」と語っている。玉塚氏は翌年の２００５年に更迭される。

玉塚氏の成長意欲に物足りなさを感じたと言われる創業者で現会長兼社長の柳井正氏は、

1995年の「流通革命児台頭す」の週刊「ダイヤモンド」誌の特集記事では、「マクドナルドなどファストフードのコンセプトを、ファッション業界に持ち込もうと考えた。いつでも、どこでも、だれでも、同じ商品が手に入り、同じサービスが受けられること。これが我々の基本的な考え方だ」と語っている。

この2人に、中内と松下との王道・覇道問答を思い出すのは、考えすぎだろうか。はっきりしているのは、ユニクロは、メーカーのメンタリティをもっているが、小売業のメンタリティもあり、その時々で異なる顔が表れてくるということだ。

いずれにしても、これからは、こういった製造物流小売業が増えるだろう。また、セブン-イレブンやイオンといった大規模小売業が自社PBを製造販売する傾向も続くだろう。

そして、eコマースでは、アマゾンのように、競合他社の価格とユーザーの購買傾向とをリアルタイムに分析して価格の最適化をはかる小売業が増えていくことだろう。アマゾンにとっては消費者の知覚価値云々はメーカーが考えることであり、自分たちは、顧客一人ひとりが納得できる値段を選択できる場を提供することに専念すればよいのだ。

時代は変化している。メーカー側からみただけのプライシングの教科書は書き換えたほうがよい。価値に基づいて価格が決まる場合もあるが、価格は価値の一部とみなされる場合もあるのだ。

第3章 科学になりたかった経済学

経営学やマーケティングに理論などない

2000年代になって、経営学やマーケティングの理論と現実とのギャップが広がるようになってきた。実務の世界でも常識とみなされてきたことが通用しなくなってきた。第1章や第2章ではその代表的な例を紹介した。

考えてみれば、経営学やマーケティングで紹介される理論は、物理学や化学の理論とは違う。万有引力の法則や質量保存の法則のように、ひとつの揺るぎない法則が（ほとんど）永久不変のものとして存続するということはない。

米国でマーケティングの理論化が始まったのは1960年代になってからだ。戦後、マスマーケティングが隆盛する時代に目撃された様々な現象や事実を統一的に説明でき、それにもとづいて行動すれば結果が予測できるような理論を、フィリップ・コトラーが『マーケティング・マネジメント』という本にして出版したのが67年（日本で翻訳出版されたのは71年）。

ついでに言えば、ピーター・ドラッカーの『現代の経営』が米国で出版されたのが1954年、日本では65年となっている。

どの本も当時の社会や時代を背景として、実際にあった成功例・失敗例を抽象化し理論化した内容で、いまの現実とはそぐわないと思える箇所はたくさんある。

マーケティングを含めて経営学というのは、心理学、人類学、政治学、歴史学などと同じく社会科学の範疇に入る。

社会科学とは、社会とそこに住む人間同士の関係性について考える学問だ。研究方法が自然科学と同様に実証的かつ合理的であるとしても、対象となる人間の心理や行動は個人によって異なる。「社会科学の場合、自然科学のように単純で厳密な一般法則を定立することは困難だ」とする百科事典もある。

ところがなぜか、同じ社会科学に属す経済学だけは、自然科学と同じように一般的に通用する法則をつくることができると考えているようだ。

他の社会科学は、社会で起こっている現象や事実をもとに共通点を見つけ抽象化し、理論をつくろうとしているのに、経済学は理論をつくりそれに社会を当てはめようとしているふしがある。

自分たちがつくった理論に、社会のメンバーである私たちが従うはずだと考えているようにもみえる。たとえば最近の金融政策などはそのいい例だ。

教科書どおりにインフレにならない理由

日本では、１９９０年代初めのバブル崩壊以降、20年間にわたってゆるやかなデフレが続いた。世界でもまれにみる長期間のデフレから脱却して景気の活性化をはかるため、２０１３年、日銀は物価上昇率２％を目標に金融緩和政策を実行した。

最初は、２％の物価上昇達成は2年くらいと発表していたが実現できず、達成年度の先延ばしを続けている。「最近は物価も上昇してきている。金融緩和政策の効果が出てきているからだ」という意見もあるようだが、あまりに長く同じ政策を続けていると、何が原因で物価が上がってきているのかわからなくなる。

たとえば、２０１７年ごろからサービス業で値上げが目立つようになってきたが、これは少子化からくる人手不足が原因で、日銀の政策とは無関係だ。

この金融緩和政策の基本にあるのは、「インフレ期待」という考え方だ。２年で２％物価を上げることを目標に、日銀はお金をばらまいて（市場での貨幣の流通量を増やして）お金の価値を下げる。ということは、いままで1万円で買えたものが2年後には1万200円になる可能性が予測される。人々がモノやサービスの値上がりを予期すれば、いまのうちにお金を使っておこうということで、消費が活発になる。投資であれば、金利が下がるのだから、銀行に預金するのではなく、株やインフレ率を加味した債券などに投資したほうがいいということになる――。このように消費や投資が活発になることで景気がよくなるという考え方だ。

だが日本では、株価が上がって景気がよくなったと感じているのは一部の層だけだといわれる。個人投資家のすそ野が広がっていないからだ。投資の活性化どころか、マイナス金利なら定期預金にしても仕方がないということか、銀行にも預けないタンス預金が増えたという報道もある。

消費にしても、2%のインフレターゲット宣言に影響されて、将来の値上がりを予期して現在の消費を増やそうという消費者はあまりいないようだ。たしかに、半年後に消費税が上がると言われれば、その前に住宅や自動車、家具といった耐久高額品はむろんのこと、その他、日持ちする商品はなるべく買いだめしておこうという心理はある。

だが、2年後に物価が2%上がると日銀が宣言しても、それが意味することを知らない一般市民は多いし、まして、その宣言を具体的に起こるものと実感できる市民は少ないだろう。つまり、一般市民は、経済学のインフレ期待理論どおりの意思決定（選択）をしてはくれないということだ。

何よりも、ほとんどの一般市民は大きな不安を抱えている。地球温暖化（実際に異常気象で日本列島のあちらこちらで甚大な災害が相次いで発生している）、テロや戦争の危機、人口減少による将来への不安（不十分な年金、自分が年老いたときに医療費は保険でまかなえるのか、介護保険を払っても介護してくれる人がいるのか）等々。

このように大きな不安があるときは、無駄な買い物はしないで堅実に蓄えておくことがベストな選択……一般市民はこう考えているのだ。

「日銀の約束」など誰も信用しない

物価上昇が実現できないことに対して、「過去数年間の日銀の実験は、日銀がインフレを強く約束しても国民は信じてくれないという事実を証明した」という説もある。

また、金融緩和政策の効果が出ないのは賃金が上がらないのが原因だ、賃金が上がれば自然と消費が増えるはず、という反論もある。つまり、物価上昇→（販売価格を上げることで）企業の収益改善→賃金上昇→消費の活性化→好景気……といった好循環が生まれるはずなのに、賃金が上がっていないからうまくいかないというわけだ。

だが、その好循環が生まれていないということは、日銀の約束を一般市民だけではなく企業も信じていないということだろう。一般市民と同じように、経営者も先行き不安のなか、賃金を上げるよりは現金を蓄えておくこと、つまり内部留保を増やすことが一番の備えだと考える心理状態にあるともいえる。

「過去数年間の日銀の実験は……」と書いたが、いまやっていることは、まさに実験だ。EUや米国は、2008年の金融危機以降、日本に先駆けて金融緩和政策を実行した。目標は物価安定であり、多くの中央銀行は物価上昇率2％を目標数値としている。

こういった世界的動きについて、ヨーロッパにおける金融財閥ロスチャイルド一族の当主ジェイコブ・ロスチャイルドは「我々は、世界の歴史のなかで、金融政策の最も大きな実験をしている」と語っている。経済学の理論が実社会でその通りに実現されるかどうかの実験をしているというのだ。

その実験の結果は、日本だけでなくEUや米国においても物価上昇率は目標とする「2％近く」には届かない。物価停滞はミステリーだと口にしたこともある米国FRB（連邦準備制度）のイエレン前議長は、退任前のインタビューで、「インフレをもたらす要因に関する中央銀行の理解は不完全だ」と、経済学理論が十全ではないことを認めるような発言をしている。

経済学者は愚かなのか、それとも……

世界の政府や中央銀行がよりどころとしている経済学の教科書に書いてある理論には、人間は合理的経済人だという大前提がある。市場を形成する個人は、様々な制約条件のもとで利用しうる限りの資源と情報をできるだけ有効に使って、自己の利益の最大化を計算し、最も望ましい結果をもたらすような行動を選択するという大前提だ。

人間はそんなふうに常に合理的に考えられないことは、これまで世界史のなかでバブルが何度も繰り返されてきた事実からも明らかだ。日本においても、合理的経済人を前提とする

「インフレ期待」政策が効果を示さないのは、将来の予測ができない不確実性下において、不安感のほうが大きいからだ。理性よりも感情のほうが強くなっている状況において、論理的思考に基づいた選択は望めない。

人間は不安なときには選択（意思決定）ができない。迷って選択できないからよけい不安になる。不安は恐怖の変形で、自分に危機が迫っていることはわかっているが、自分の身を守るために何をしたらよいのか、選択肢を提案されてもこれといった決定打がない。どれを選んでも安心は得られないような気がする。迷って選択できないから不安感は増大する。

選択ができないということは行動が起こせないということだ。だから内向きになる。消費者は、かつて「巣ごもり消費」と命名されたように巣にこもる。外食しないで家で内食する。企業経営者も、積極的投資を先延ばしして、その時のために内部留保を増やす。そして、国家を運営する政権の長は自国ファーストを主張するようになる。

90年代に大きく進化した神経科学のおかげで、人間の理性が感情に対抗するほどの力をもっていないことが明らかにされた。迷ったときは（たとえば、不安を抱えて、なかなか決断ができないときは）、意思決定において、感情が優位に立つことは多くの科学者が認めている。

最新科学の研究成果を引き合いに出さなくても、合理的経済人など地球上には存在しないことは常識としてわかるはずだ。存在するはずもない人間を前提とした経済学の理論と社会の実態とに乖離があることは以前から指摘されていた。

こんな簡単なことがどうしてわからないのか。経済学者は愚かなのか。それとも、あまりに頭脳明晰すぎて一般市民の心理が理解できなくなっているのか。

実際、２００８年の金融危機以降、不動産バブルを予測できなかった、あるいは、そういった結果になってしまった理由を確《しか》と説明できなかった経済学者や経済学への批判には厳しいものがある。

世界の大学や大学院においても、経済学の中心は、現代の主流となっている新古典派経済学だ。そして、経済学専攻の学生は、多くの時間を、数学や数式、経済データを統計的に処理して実証分析するテクニックを習得することに費やす。複雑な数式モデルを駆使することはできるようになっても、社会の実態を学ぶことがないので、それを経済政策やビジネス戦略に変換する洞察力を得ることがない――。メディアはそう批評した。

そういった批判記事には、主流派経済学に属さない経済学者からの辛口コメントが引用された。たとえば、数式モデルに固執し現実の営みから乖離してしまった経済学について、ノーベル賞経済学者ポール・クルーグマンは、「数式の美しさや（高度な学問であることを印象づける）数式を真実と勘違いした」と書いている。

とはいえ、こういった批判を受け入れない経済学者は非常に多く、自分たちだけが理解できる言語（数学）で書かれた理論に固執する人たちも多い。彼ら経済学者が関心をもつのは、あいかわらず科学としての経済学の方向を追い続けることで、2008年の金融危機は複雑な非線形システムを採用していれば予測できたとか、物理経済学の分野に希望がある……と、新たな道を探っている。経済学はサイエンス（科学）であり、他の社会科学とは違うのだという従来の軌道を修正する気持ちはないようだ。

物理学への憧憬

歴代の経済学者たちの多くが数学や数式に依存するようになった理由は何なのだろう。経済学者が自分の考えを数式で表現することに熱中するようになった歴史をたどっていくと、

17世紀後半から18世紀にかけて英国で活躍した物理学者のアイザック・ニュートンにいきつく。ニュートンといえば万有引力を発見した科学者だということは学校で習ったはずだ。発見したきっかけは木からリンゴが落ちるのを見たから——というエピソードとともに思い出す人も多いことだろう。

リンゴの木のエピソードは、亡くなる1年前、83歳になったニュートンが思い出として語ってくれたと、ニュートンの最初の伝記を書いた筆者は主張している。ニュートンが自分の発見を興味深いものにするために脚色したのか、真実のほどはわからない。

いずれにしても、万有引力の法則を発見したとされる1665〜66年に、ヨーロッパではペストが蔓延していた。ケンブリッジ大学の学生だったニュートンは、大学が閉鎖されたため、田舎の母の家に戻った。そこでは、関心のある研究テーマについて熟考する時間がたっぷりあった。その母の家の庭にリンゴの木があったことは事実だ。日本でも、東京の小石川植物園に行けば、元の木の枝から接木したという「ニュートンの木」を見ることができる。

万有引力の法則とは、地上において物体が地球に引き寄せられる地球の引力のことだけではなく、この宇宙においてはどこでもすべての物体は互いに引き寄せあっているとする考え方で、その力の大きさは引き合う物体の質量の積に比例し、距離の2乗に反比例するという法則だ。

ニュートンが万有引力を発見したというのが定説になっている。が、正確には、惑星の運行に関してはドイツの天文学者ヨハネス・ケプラーが先輩天文学者による膨大な観測記録から法則を発見していた。その法則から、万有引力の法則を数学的に導き出し証明したのがニュートンだ。証明の過程で、ニュートンは、微分積分法を開発している。つまり、ニュートンは優秀な物理学者であるとともに、微積分法を発明した偉大な数学者でもあったのだ。

数式に偏りすぎる経済学者を批判して、「自分たちの言葉である数学で経済現象を表現することだけに関心がある」とよく言われる。それをまねれば、ニュートンは、観測された現象を、数学という言語で表現し証明したことで、万有引力の発見者とみなされるようになったともいえる。

最初の経済学者とされるアダム・スミスが、ニュートンから大きな影響を受けたことはよく知られている。スミスは万有引力の法則を含めたニュートン力学を、「人類によってこれまでになされた最も偉大な発見」、そして、その考え方ですべての諸原理を説明できるという意味で、「最も重要で最も崇高な諸真理の広大な鎖の発見」だと絶賛している。

ニュートンに魅了されたのは古典派経済学の祖アダム・スミスだけではない。1870年代に、現在の主流派経済学の源となる新古典派経済学の基礎をつくりあげたウィリアム・スタンレー・ジェヴォンズ、カール・メンガー、レオン・ワルラスといった3人の経済学者もニュートン力学の影響を多大に受けている。

定職に就けなかった経済学の祖

なぜ、そんなにもニュートン物理学にあこがれたのかを知るためには、まず、当時のヨーロッパの時代の雰囲気を感じ取り、次に、経済学という学問の立ち位置を知る必要がある。

17世紀のヨーロッパは科学革命の時代だ。望遠鏡、顕微鏡などの新しいツールが観察・実験をより進化させ自然科学が急速に発展した。なかでも、天文学や物理学、それにともなう数学の進歩は、人類が始まって以来つねに畏敬や畏怖の念を抱いていた天体の多くのミステリーを明らかにしてくれた。

それだけではない。自然科学の進歩は、実世界においても技術革新を促し、18世紀後半に始まったとされる産業革命の誕生につながっていく。また、物理学と数学にもとづいた工学（エンジニアリング）の発展が大規模な橋や運河、港湾、水道施設といった土木建設を可能にした。17世紀から18世紀を生きた経済学者たちは、物理学や数学が、宇宙だけでなく、自分たちのまわりの世界を大きく変える有り様を実際に目撃したのだ。物理学や数学の偉大さや威力、その素晴らしさを実感し、大きな刺激を受けたはずだ。

そのうえ、当時の経済学の学問としての地位は低かった。というか、経済学はアカデミックな学問として、まだ独り立ちしていなかった。道徳哲学を教えていたアダム・スミスはむろんのこと、18世紀後半の新古典派経済学者たちも、経済学者という肩書きを得るまでに、いくつかの職業を転々としている。

大学で道徳哲学や文学を学んだアダム・スミスは、卒業後もきちんとした就職先が決まらなかった。グラスゴー大学で倫理学教授の定職を得たのは14年後だ。彼は道徳哲学を教えていたが、その講座は自然神学、倫理学、法学、経済学の4部門から構成されていたという。哲学が様々な学問を含む実態は、18世紀のヨーロッパの大学のカリキュラムが、紀元前4世紀の古代ギリシアの時代からほとんど変わっていないことを教えてくれる。

経済学の起源をさかのぼれば、紀元前6～5世紀の古代ギリシアの哲学にいきつく。哲学philosophyの語源は、ギリシア語「philosophia 智を愛する」にある。「智（sophia）」を「愛する（philein）」のだから、現代的意味での哲学以外にも、ありとあらゆる学問が含まれていた。

ギリシアの代表的哲学者というとソクラテス、プラトン、アリストテレスの3人の名前がすぐに思い出される。哲学の祖ソクラテスの孫弟子にあたるアリストテレスが使った講義ノートや研究ノートは550冊あり、そこで扱われたテーマは、現在の自然科学や社会科学のほとんどの学問に発展したといわれる。アリストテレスが「万学の祖」と呼ばれる所以《ゆえん》だ。

経済学が他の社会科学と別れて一つの学問として独立して扱われるようになったのは、『国富論』が発表された1780年代とされる。しかし、そのころの実態は、スミスの職歴からわかるように、独立した学問というのにはほど遠い状態だ。

いずれにしても、19世紀末までにおける経済学者の地位は低かった。ケインズを生んだケンブリッジ大学でさえ、経済学は心理学、倫理学、論理学とともに道徳科学の学士課程で教えられており、経済学専門の学科ができたのは1903年になってからだ。18世紀～19世紀をとおして、大学に入る学生は実用的で就職先が見つけやすいということで数学や物理学、化学といった自然科学を勉強している者が多かった。

彼らが、宇宙に共通する法則を見出したニュートン力学に夢中になり、経済にも法則を見出し、それを数式化して、自分たちが研究している学問を科学に昇華させたいと願ったのは当然のことかもしれない。

経済学は厳正科学になりたかった

宇宙の天体の動きも地球上の物体の動きも、同じ原理で、しかも数式で説明できるという事実に、経済学者たちは大きな感動を覚えた。そして、社会の経済の動きにも同様な法則を見出すことができるはずだ、いや、そういった法則を見出さなくてはいけないと考えた。

新古典派経済学を代表する3人の経済学者をすでに紹介した。ジェヴォンズ、メンガー、ワルラスは、1870年代初め、ヨーロッパのそれぞれ異なる国で、古典派経済学者とは異なる価値の考え方を発表した。労働量が価値を決めるというそれまでの考え方を否定して、顧客側の満足度が価値を決めるという現代に通じる考え方を採用したのだ。正確には、「財の消費で得る満足感を経済学では効用と呼ぶ。消費された最後の一単位の財から得られる効用を限界効用と呼ぶ。この限界効用が財の価値、したがって価格を決める」というものだ。「限界効用」理論は、ニュートンが発明した微分の極限値の考え方を採用したもので、経済学による数学の本格的導入を意味する。

労働量が価値を決めるというのは客観的価値判断だから数値化が可能だ。だが、商品やサービスを消費して感じる満足感という主観的価値判断に基づく「効用」の概念は数値化が難しい。つまり、このころから数式化しなければ理論とは言えないという考え方が一般化するようになったということでもある。

モノを消費することによる満足、喜び、快感も数値化できるとした結果、人は効用を最大限にする意図をもって合理的意思決定（選択）ができるという大前提が導かれることとなる。この前提があれば、本来なら複雑すぎて分析が難しいはずの人間の経済行動を単純化できる。それによって数式モデルを採用することが可能になる。

物理学のような厳正科学になるためには、経済活動を数式モデルで表現しなくてはいけない。そのために、新古典派経済学の先人たちは、合理的経済人の原型となる人間像のアイデアに飛びついたのだ。

「合理的経済人」が感情の産物という皮肉

数学の利用に特に熱心だったのは、後の数理経済学の始祖と評されているレオン・ワルラスだ。彼は、「数学を知らず、数学とは何であるかということさえ正確に知らないで、数学は経済学の解明に役に立たないと決め込んでいる経済学者」たちを批判し、数学こそが経済学を自然科学のような厳正科学（exact science）にしてくれると主張した。

そして、「……数理経済学は、天文学や数理力学と並んでその地位を占めるであろう。その日にこそわれわれがした仕事が正しく評価されるであろう」と書いている。

そのワルラスの著作を「経済学者の著作の中では、理論物理学の成果とよく比較されるのに耐える唯一のものである……厳正科学に達しようとする経済学の旅程において聳え立つ一里塚である」と絶賛したのが、イノベーションで知られる経済学者ヨーゼフ・シュンペータだ。

ワルラスより半世紀遅く生まれ20世紀前半を生きたシュンペータも、経済学を物理学のレベルの科学性をもった学問にしたいと切に願っていたことがよくわかる。

このように、アダム・スミス以降の経済学の歴史を振り返ると、とくに、19世紀後半の新古典派経済学以降、経済学の数学化、数式によるモデル化が進んだことがわかる。その理由は、物理学のような「厳正科学 exact science」になりたい経済学者の憧れや願望、自尊心が底辺にあったことはいなめないだろう。

こういった憧憬、願望、自尊心、劣等感、優越感といった強い感情を抱いていた経済学者たちが、合理的経済人を大前提とすることへの矛盾をおかしいと思わなかったのだろうか。自分たち自身が、理性ではなく、「物理学のようになりたい！」という強い衝動に突き動かされていたことに気づかなかったのだろうか。そういった感情や衝動が人間に不合理な行動を起こさせ、経済学の理論とは矛盾する意思決定をさせているという事実に気がつかなかったのだろうか――。

天体の動きとは違い、経済の動きは、自分の効用を最大化するという目標のために感情に左右されることなく合理的に意思決定できる合理的経済人の存在なしには理論化できない。このことに違和感を覚えなかったのは皮肉だとしか言いようがない。

ノーベル経済学賞が逃れられない後ろめたさ

厳正科学へのあこがれが、途中から、エリート意識に変わるようになる。他の社会科学と経済学は違う、経済学だけが自然科学の高みに登ることができるというエリート意識だ。

１９６８年にノーベル経済学賞が設立される。ノーベル賞を創設したアルフレッド・ノーベルが１８９５年に残した遺言には、「賞は人類に多大な貢献をした人物に与えられるべき」であるとし、物理学、化学、生理学・医学、文学、平和の5部門しか指定されていなかった。それなのに、社会科学に属す経済学が、物理学や化学と並んでノーベル賞を授賞することになる。経済学者のエリート意識はさらにいっそう高まることとなった。

アルフレッド・ノーベルは兵器の製造・販売に携わり、なかでもダイナマイトの発明で巨万の富を得た。55歳のときに2つ上の兄が旅先で亡くなったが、そのとき、新聞がアルフレッドと間違え、「死の商人死す」という見出しで、「多くの人間をかつてないほど素早く殺傷する方法を発見したことで金持ちになったノーベル博士が亡くなった」と記事を書いた。

この記事を読んだノーベルは、死後の自分がどう思い出されるかを気にするようになった。

それが、全財産の94%を基にしてノーベル賞を創設する、という遺言書につながったのではないかという説がある。

ノーベル経済学賞はスウェーデンの中央銀行が、もとのノーベル賞よりも73年遅れて1968年に創設した。正式名称は「アルフレッド・ノーベル記念経済学（economic science）スウェーデン国立銀行賞」となる。

スウェーデン国立銀行が創立300年を記念して何か特別なことをしたいと考えた。それで、ノーベル財団に寄付をして、スポンサーになってもらうことにしたのだ。しかし、ノーベル一族からなる財団は本人の遺言になかったとして承認せず、通常のノーベル賞とは微妙に違う名前になった。いまでも、賞金は他の5部門とは違い、ノーベル財団ではなく銀行が出している。

ノーベル賞設立100周年となった2001年には、ノーベル兄弟の4人のひ孫たちが、「経済学賞はノーベル賞の品位を落とす」という趣旨の手紙をスウェーデンの新聞に公表している。

ひ孫のなかにはもっと辛辣に、「ノーベル経済学賞は、経済学者たちが自分たちの評判を上げるためのPR活動だ……株式市場の相場師に授与されることが多くて、人類の状況を改善するというノーベルの精神を反映していない」とメディアに語っている者もいる。

スウェーデン国立銀行が経済学賞を創設したのには政治的背景があるといわれる。60年代のスウェーデンの金融やビジネス業界は「自由市場経済」に強い関心をもっており、中央銀行への政治的介入や管理をゆるめたいと考えていた。

そのために、経済学、とくに「自由市場経済」の考え方には科学的信頼性があることを主張したかった。だからこそ、賞の名前における「経済学」は、たんに economics ではなく、economic science としたといわれる。受賞者は圧倒的に米国人が多く、なかでも、自由市場経済を信条とした新古典派経済学の流れをくむシカゴ大学出身の学者が多いのには、それなりの意味があると解釈されている。

１９７４年のノーベル経済学賞を受賞したフリードリッヒ・フォン・ハイエクは、政府の経済への介入を批判し、中央銀行の独立性を強く支持する自由主義者だった。当時、経済学者としての経歴はすでに終わっており世間から忘れられた存在だったハイエクが選ばれたのは、そういった政治的理由があるからだとみなされた。

それでも、さすが哲学や心理学の分野でも業績を残した学者だけある。思想家としての本領を発揮して、ハイエクは授賞スピーチでこう述べている。「ノーベル経済学賞を創設するべきかどうかと相談されたら、私は絶対に反対しただろう。……なぜなら、ノーベル賞は受賞者個人に権威を与えてしまう。そして、経済学においては誰もそういった権威を持つべきではないからだ……自然科学の場合は問題ない。なぜなら、受賞者の影響はその分野を専門とする同僚たちにいきわたるだけだし、同僚たちは、もし彼がうぬぼれでもしたら真の評価を思い知らせるべく厳しい批判をすることだろう……だが、経済学の場合は、政治家、ジャーナリスト、公務員、一般市民といった素人までもが影響を受ける」。

たしかに、経済学理論は、物理学や化学とは異なり、絶対的に正しい理論はない。だが、その影響力は国の政策にまで及ぶ。ノーベル賞をもらったのだから正しいだろうと政治家や官僚が考え、その理論を自国の政策に採用する。

実際に、政府の金融・財政政策のブレーンにはノーベル賞を受賞した経済学者が採用されることが多い。そういった批判に対処するためか、最近では、まったく反対方向の理論を提案した経済学者が授賞する例もみられ、選考委員会がバランスをとっているのだろうと考えられている。

理論的にはどちらも正しいけれど、実社会で通用するかどうかはわからない。どの主張を現実社会に採用するべきかは、自分たちで判断してほしい、ということだろう。

「美しい数式」と、絵画や音楽の不思議な共通点

2008年の金融危機を予測できず、なおかつ原因の説明もできなかった経済学への批判のなかで、「数式の美しさや（高度な学問であることを印象づける）数式を真実と勘違いした」というポール・クルーグマンのコメントはすでに紹介した。

数式を「美しい」「エレガント」、あるいは（美的意味合いをもって）「シンプル」と表現する数学者や科学者がいることは、昔から知られている。筆者のように、数学は微分積分が出てきたところからお手上げ状態になった者には到底理解できない。

だが、そんな筆者でも名前だけは知っているフランスの数学者アンリ・ポアンカレは、「数学者は役に立つから数学を研究しているわけではない。数学が美しいから、それに喜びを感じて勉強をしているのだ」と書いている。

ポアンカレの意見に驚いていてはいけない。英国の数学者で著書『ある数学者の生涯と弁明』（丸善出版）でも有名なG・H・ハーディは、それを超えた発言をしている。「美しいかどうかが最初のテストです。醜い公式が永遠に残るということはありません」というのだから、数式への美意識をもっていなければ数学者としては成功しないようだ。

ポアンカレやハーディのコメントの正しさを神経科学的に証明した実験がある。認知神経科学の研究で有名なロンドン大学で、神経生物学者、物理学者、数学者がチームを組んで、数学者の脳が数学（数式）を美しいと感じる神経生物学的理由を探る実験だ。研究結果は2014年に発表されている。

15人の数学者（大学院生、博士課程修了者）に60の数学の公式を見せ、その評価をしてもらう。このとき脳のどの部位が活性化しているかをみるためにfMRI（磁気共鳴機能画像法）を利用する。

15人の被験者には人間ドックで使うMRIのような装置に横たわってもらうのだが、このとき、脳内の血流の増加、それによる酸素量の増加を画像で捉えるのがfMRIだ。被験者が数式を見て、「美しい」「ふつう」「醜い」の3段階で評価しているとき、脳のどの部位が活性化しているかを画像診断してくれる。

実験では、被験者が「美しい」と評価した数式を見ているとき、おでこの奥にある眼窩前頭皮質が活性化することがわかった。

ロンドン大学では、これ以前に、芸術作品を対象として同じ実験をしている。21人の被験者にｆＭＲＩに入ってもらい、30の絵画を見せ、また30の音楽の一部を聞いてもらう。そして、「美しい」「ふつう」「醜い」の評価をしてもらう。このとき、「美しい」と評価した絵を見、音楽を聴いている被験者の脳のなかで、「ふつう」や「醜い」と評価したときに比べて一段と強く活性化したのが眼窩前頭皮質だった。

眼窩前頭皮質は、情動や動機づけ、意思決定能力に深く結びついていると考えられているが、その機能の実体はまだよくわかっていない。だが、２つの実験によってわかったことは明確だ。美しい数式を見ている数学者の脳で活性化している部位は、多くの人が絵画を見たり音楽を聞いて美しいと感じるときに活性化するのと同じ部位だということだ。「正しい数式は美しい」と数学者たちが感じていることは確かなようだ。それどころか、多くの数学者は数式の美の魔力にとりつかれているようにさえみえる。

数式に魅了され、人間社会を誤認する

こういった数学者たちのコメントを読むと、数学を重視する経済学者たちが、数式の魔力とまで言わなくとも魅力にとらわれる気持ちも、ある程度わかる。

そのうえ、人間を研究する社会科学には正解というものがない。どんな理論を書いても反証は出る。誰もが認めざるを得ない理論を構築できないということは、達成感がないということでもある。反対に、理論を数式で表現すれば、そして、その結果が「美しい公式」になった場合、何かをやりとげた達成感を得られるであろう。

数式を採用することを支持する経済学者たちは、次のように正当化する。「数学はただの言語だ。ロジックとすべての科学に共通する言語だ。文章を方程式に変換することで、議論のロジックを明確にし、あいまいさを取り除き、簡潔さを達成できる」……確かにそうかもしれない。

しかし、あいまいさがあるのが人間社会だ。簡潔さからほど遠い複雑さで編みこまれているのが人間社会だ。「美しい数式」で表現するには、人間社会は、美醜、崇高さと下劣さが

あいまじり、完璧さとだらしなさが混沌としている。このカオスからシンプルさだけを取り出しても、人間社会の実際を表現しそのダイナミックな動きを予測することはできないだろう。

実社会は、市場だけに限ってみても、無秩序で不完全だ。人間行動は、経済行動に限ってみても不合理で予測できない。数式を使ったエレガントな経済学理論とはかけ離れている。

あのケインズも、1936年に出版された『雇用・利子および貨幣の一般理論』で、数式に頼りすぎることに次のような警鐘を鳴らしている。

「最近の数理経済学のあまりに大きな部分は、単なる作り物でしかなく、その根底にある当初の前提と同じくらい厳密性に欠け、そのために、筆者はもったいぶった役にも立たない記号の迷路の中で、現実世界の複雑性や相互依存性を見失ってしまうのです」

第4章 ギャンブルが生んだ机上の論理

経済学の矛盾をもたらした元凶

19世紀末、新古典派経済学が「労働量が価値を決める」という考え方を否定して、「顧客側の効用（ユーティリティ Utility）、つまりその商品やサービスを使用して得る満足や快感が価値を決める」とした。この時点で、経済学は客観的価値判断ではなく主観的価値判断を採用することとなる。これは方向性としては正しかったが、感情を数式モデルに取り入れるという難解な問題を抱える結果にもつながった。

最初は、個人の満足や快感を1ユーティル（Util）とか10ユーティルといった尺度で表現するようにした。チョコレートを食べて得る効用は10ユーティルでケーキが5ユーティル。だから、チョコレートのほうが選ばれるとした。

当然、個人の満足を実数値で表現することなど不可能だ。経済学者も、この不自然さには、むろん気がついていたわけで、効用を実数値で表現できるという前提からはしだいに離れていく。

その代わりに、「選好」という概念を使うようになった。20世紀初めのことだ。つまり、消費者がその商品を選ぶかどうかの選択行動を観察することによって、選考順序をつけることができると考えたわけだ。

選択肢それぞれの効用の絶対値ではなく相対的価値で順序をつける。そして、ケーキよりもチョコレートが選好されると表現する。消費者の選好は市場で何を買うかによって顕示されるとした。それでも、この理論を数式モデル化するには所得や価格に変わりがない限り消費者の選好は不変であるとか、消費者は効用の最大化を目的として選好するというような公理が必要となる。

公理とは証明する必要のない普遍的に認められている事実として、これからの議論の大前提として置かれる仮定のことだ。だが、消費者の好みは不変だという公理に納得できる人はいるだろうか。これに異議を唱えたのが行動経済学だ。

異議を唱えたのは、行動経済学の祖とみなされる2人のイスラエル出身の認知心理学者だった。

そのうちの一人、ダニエル・カーネマンは、70年代前半に、「経済理論においては、経済主体は合理的かつ利己的で、その選好は変わらないもとの定義される」と書かれているのを読んで驚愕したそうだ。それまで経済学に関心がなかったので、互いの考え方にそれほど大きな違いがあるとは思っていなかったようだ。

「心理学者にとって、人間が完全に合理的でもなければ完全に利己的でもなく、その好みは何であれのべつ変わることは自明である。これでは経済学と心理学は、全く異なる種を研究しているようなものではないか」と、カーネマンは著書『ファスト&スロー』にも書いている。

この驚きがきっかけとなって、標準的経済学の前提となっている意思決定（選択）における人間の合理性への反論を発表するようになる。行動経済学＝心理学＋経済学だ。心理学や倫理学などとともに、たとえば道徳哲学というコースで教えられていた経済学は18世紀末に他の社会科学から独立した。それから200年。20世紀末というか、21世紀が始まろうとしているころに心理学と経済学が再びいっしょになり新しい学問分野が誕生したことになる。だが、行動経済学の話に移る前に、再度、19世紀末に誕生した新古典派経済学に話を戻したい。

当時の経済学者たちは効用を価値とし、効用を満足（快感）だと定め、その感情を含めて数式モデルをつくることに専念した。経済学はそこから生まれた矛盾を解決できないまま現代に至っている、と書いた。

当時の経済学者の数学への傾倒がいまの主流派経済学を偏ったものにしたことは確かだ。が、効用を価値とした考え方は彼らが始めたものではない。最初にこの考え方を確立したのは、18世紀に活躍したスイスの経済学者兼物理学者のダニエル・ベルヌーイだ。

そして、ベルヌーイの理論は17世紀のフランスを代表する思想家パスカルが確立した意思決定理論がなければ生まれなかった。この章では、この2人のエピソードを紹介したい。現代の経済学の矛盾をつくった人たちなのだから、ページを割くに値するはずだ。

数学とギャンブルの不可分な関係

数学の歴史とギャンブルの歴史は密接に結びついている。大金を稼いだり失ったりしていれば、どうやったら「幸運」を得られるのかとギャンブラーたちは当然考えた。1654年に、いまでいう確率理論の基礎が生まれたのは、フランスに住む1人のギャンブラーが、当時の著名な数学者に自分が損をしないための相談をしたことがきっかけとなっている。

ギャンブル好きのシュバリエ・ド・メレは、サイコロを使ったギャンブルで最近負けてばかりいる。通常のギャンブラーなら不運が続いているだけだと考えるだろうが、メレは著述家でもあり教養人が集まる社交の場にも出入りしていた。アマチュアとして数学にも関心があったようで、ギャンブルは幸運・不運の観点からではなく数学的観点から考えるべきだと思ったようだ。

相談相手に選んだのが、ブレーズ・パスカルと「フェルマーの最終定理」で有名な数学者ピエール・ド・フェルマーだった。パスカルは「人間は考える葦である」の名文句で有名なあの哲学者だ。パスカルは、数学者としても輝かしい実績を残しており、10歳にもならない頃に、三角形の内角の和が180度であることを自分で証明してみせた。

確率の問題は、しばしば人間の直感と相いれないことが多い。たとえば、メレはサイコロを投げて6が出る確率は6分の1だと知っていた。だが、4回投げるうちで6の面が少なくとも1回出る確率は6分の4だと考えていた。いまでも、多くの人は、直感的に、つまり瞬間的に推理に頼らず感覚的に6分の4だと判断する。だが、実際は1から（6分の5の4乗）をマイナスするのだから、1296分の625で52％となる。

メレがパスカルに尋ねた質問の中には、ここで挙げた例よりもっと複雑な問題も含まれていたが、いずれにしても、基本的誤りは確率とは何か理解していないところにあった。メレの考え方は、「もう5回も不運が続いているのだから、そろそろ運が向いてくる頃だ」というギャンブラーがよく口にするセリフに通じる。何十回サイコロを振ろうとも、6が出てくる確率は、毎回6分の1だということが普通の人間には「感覚的」に理解できない。

どこか腑に落ちない確率論

人間は進化の歴史において確率計算などする必要がなかった。DNA分析から、私たちの直接の祖先は20万年前のアフリカに住んでいたことがわかっている。

それから農耕生活が始まる1万年前までの気の遠くなるような長い狩猟採集生活において、選択は簡単だった。どの食べ物を選ぼうかではなくて、食べ物を見つけたら他の動物に奪われる前に即刻食べる。自分たちより小さい動物がいたら捕まえて食べるが、自分たちより大きい動物が近づいてきたら逃げる。逃げられる時間がないときだけ、まさに言葉どおり「死にもの狂い」で戦う――。

選択肢は基本的に生か死だった。人間の脳には、Aの選択肢をとれば生存の確率が80%で、Bの選択肢をとれば生存確率が50%だと計算するような適切な神経回路はない。

農耕定住生活が始まってからも選択肢は限られていた。どちらがベターかと選べるような贅沢な環境が登場するのは数千年前からだ。つまり、人類の過去20万年の歴史をみても、そのほとんどを、非常に単純な意思決定をすることで過ごしてきたのだ。直感という脳の仕組みを利用して選択しても間違うことはほとんどなかった。

そういった意味で、通常の暮らしのなかから確率論が生まれることはなかった。勝つか負けるか、5が出るか1が出るか……不確実な状況で選択を強いられ、かつ、その選択肢の結果を数字で表現できるギャンブルのなかから確率論が生まれたことは当然の成り行きだったといえる。

ギャンブルは占いを起源にもつ。どういった結果が出るかは、神のみぞ知ると17世紀の人たちも考えていた。だから、神の意志を推し量ろうとする。そして、当然、神も人間のように考えるだろうと思ってしまう。

その結果、ルーレットで続けて5回赤が出たら、多くの人は、「5回も続いたのだから、次は黒だろう」と考える。あるいは反対に、「今日は赤が絶好調だから、赤に賭けよう」と考える。

確率的には、どちらも誤った推測だ。ルーレットの円盤自体には記憶なんてないのだから、いつでも、どの回でも、赤か黒かの確率は2分の1だ。だが、人間は起こったことに意味をもたせたがる。そのうえ、短期間の記憶しか鮮明ではない。ルーレットを50回、100回、200回、500回と回せば回すほど赤や黒にチップが入る確率がそれぞれ50％に近づくことになるなんて想像もしない。

「二度あることは三度ある」ということわざは、物事は繰り返し起こる傾向があるものだから、失敗を重ねないようにという戒めだ。人生訓としてはよいかもしれないが、ギャンブルで同じ考え方をしても勝つことはできない。

ギャンブルは選択の結果が確実でない。赤にチップが入るのか黒にチップが入るのかわからない。不確実性下で、賭けに勝つことを期待しながら、赤か黒か選択（意思決定）しなければいけない。不確実性下ということはリスクを伴う。悪い結果に終わるリスクがあるということだ。人間は、生きる過程において、常にリスクを伴う選択をしていかなくてはいけない。そういった意味で、意思決定の研究者がギャンブルの研究に関心をもつのは当然の成り行きだ。

ブレーズ・パスカルは17世紀のフランスを代表する哲学者・思想家だ。「生きるとは何か？人間とは何か？」を考える人は、結局、生と死の二者選択のなかでよりよく生きるにはどうしたらよいかを考えるのだから、意思決定の研究者とみなしてもよいだろう。数学者でもあったパスカルは、ギャンブルにおける意思決定が論理化できること、だから数値化もできることに強い関心をもったはずだ。

パスカルは、友人メレの質問に関して、数学者ピエール・ド・フェルマーと5通の手紙をやりとりしている。メレは先に紹介した簡単な質問を含めゲームを途中でやめた場合の賭け金の分配の仕方といった複雑なものまでいくつかの質問をした。天才数学者2人が意見を交わした5通の手紙のなかで、確率論の基礎が議論され構築されたわけだ。

ついでに付け加えると、ギャンブルの場合、不確実な結果をそれぞれどのくらいの確率で発生するかが数値化できるだけでなく、それから得られる利得や損失（賭けに負けた場合や勝った場合の金額）も数値化できる。

つまり、各選択肢がもたらす価値も数値化できるという特徴をもつギャンブルは、その後の数学の発展に大いに貢献している。たとえば、ルーレットの研究が統計学やカオス理論を促し、ポーカーやバカラのようなカード・ゲームがゲーム理論を生んでいる。

神の存在を賭ける、ということ

パスカルは、ギャンブルのような不確実性下で選択（意思決定）する方法を数字を使って論理的に考えることで確率論の基礎をつくった。そして、その経験をふまえて、神が存在するかどうかというとてつもなく不確実なことがらを論理的に正当化することに挑戦した。

パスカルがフェルメールと手紙のやりとりをして確率論の基礎を築いたのは1654年の夏。それからわずか数カ月後、パスカルは馬車の事故で瀕死の体験をした。乗っていた馬車の馬が突然なにかに驚いて棹立ちになり、馬車ごと橋の欄干につりさげられたのだ。

パスカルは川に落ちる前に救助されたが、死に直面した事故で一種の宗教的体験をしたらしい。20代後半から30代初め、パスカルはメレと知り合ったように社交界にも出入りして、キリスト教からは少し距離を置いた世俗的な生活をしていたようだ。だが、もともと病弱で常に痛みに悩まされていたことから、何か信じられるものというか心の支えを求めていたのだろう。宗教的な神秘体験をしたことを契機に、キリスト教への信仰心を改めて強くしたようだ。

その後、数年間にわたり、キリスト教の擁護を目的とする本を出版するつもりで、人間の存在やキリスト教信仰について思いついたことを書き留めていた。が、結局、39歳でガンで亡くなる前に自らそれをまとめて発表することはかなわなかった。

パスカルを哲学者・思想家として有名にした『パンセ』は、こういったノートに断片的に書き留められていたものが編集され、死後8年で発表されたものだ。パンセ（Pensées）はフランス語で「思考」や「思索」といった意味だ。最初に紹介した「人間は考える葦である」という有名な言葉は、『パンセ』の347節にある。

神の存在について賭けを提案している箇所は233節で「パスカルの賭け」と呼ばれている。神の存在をコイン投げのゲームにたとえたり、表・裏、カード、賭け金といったようなギャンブルに関連する言葉が多く登場する。神を賭けの対象にするなんて、いまでも神への冒瀆として批判する人がいるくらいだから、パスカルの生前に『パンセ』が出版されていたら、大いなる物議を醸したことだろう。

なぜ「神を信じる」のは合理的なのか

だが、この「パスカルの賭け」が有名なのは、神の存在をギャンブルの対象にしたという破廉恥さにあるのではない。意思決定の仕方を論理的に進めるやり方が、のちに意思決定理論と呼ばれるものの見方や分析方法を具体的にわかりやすく展開した歴史上最初の例だと考えられているからだ。

運に左右されると考えられていた意思決定の過程を科学にするお手本を示したのだ。

神が存在するかどうかはわからないのだから、不確実性下（リスク下）において神を信じるか否かの意思決定が問題となる。①神が存在するとして、神の存在を信じて、それに賭ければ、（天国にいける、永遠の命と幸福といった）無限大の報酬を得ることができる。だが、②神が存在するとして、神が存在しない非存在に賭ければ（地獄に堕ちるなど）無限大に最悪の結果がもたらされる。

反対に神が存在しない場合には、③神の存在を信じてそれに賭けようが、④神の存在を信じないで神の非存在に賭けようが現状は変わらない。よって、神が存在する確率がどんなに小さいとしても、神の存在に賭けることが最善の結果をもたらすことになる——というのがパスカルの論理の流れだ。

この論理においては、4つの選択肢がある。

①神は存在する×神の存在を信じる

②神は存在する×神の存在を信じない

③神は存在しない×神の存在を信じる

④神は存在しない×神の存在を信じない

そして、4つの選択肢それぞれを選んだ場合の結果（価値）が示される。たとえば、神が存在する場合に、神を信じるという選択肢をとった場合には無限大の幸福という価値を獲得する。あるいは、神が存在する場合に神を信じない選択肢をとった場合は無限大の最悪の結果、たとえば地獄に堕ちるといった価値が明らかにされている。

次いで、各選択肢の確率と価値とを掛け合わせることによって得られる期待値、つまり獲得できる価値の予測値を計算する。その期待値をもって、どの選択肢がベストであるかを合理的に判断する論理的流れを提案している。この意思決定方法は基本法則として今にいたるまで継続して使われており、20世紀半ばに生まれたゲーム理論に引き継がれている。「パスカルの賭け」においては、各選択肢の確率は数字で表されてはいない。だが、パスカルは「神が存在する確率がどんなに低くても、無限大の幸福を得る選択の価値が最大になるために、(期待値は)他のどの選択肢よりも大きくなる」と結論づけている。

神が存在しないとしても、神を信じることによって失うものは何もない。だが、神が存在するのに神を信じないとしたら、すべてを失う。神が本当に存在するかどうかはわからないけれども、神が実存することに賭けても失うものは何もない。それどころか、むしろ生きることへの意味が増す。だったら、「神の存在に賭けることが、一番確実だ」と主張したのだ。

父親の嫉妬と画期的理論

さて、その100年後。効用=価値であり、効用=人間の感情だと定めたダニエル・ベルヌーイが登場する。

スイスのバーゼルのベルヌーイ一族は3世代にわたって8人の著名な数学者を生み出した

家系だ。父も叔父も、兄、弟、そして弟の子供たちも数学者という、たぶん数式を美しいと感じるDNAをもった血筋だったのだろう。

だが、前章で、理性と感情とは別物だと書いたように、論理的に考えられるエリート数学者だからといって感情的な言動にとらわれないわけではない。ベルヌーイ一族もその典型で、頭脳明晰であるほどに傲慢でうぬぼれが強かったようだ。親子間でも、互いの業績へのライバル心や嫉妬心が強く、喧嘩や批判が絶えなかった。

たとえば、ベルヌーイの父親は息子の才能に嫉妬して、息子が自分の競争相手にならないように、同じ数学や物理の分野ではなく医学を勉強するように命令している。

ベルヌーイは親に隠れて数学や物理の勉強をし、その才能を、時のロシア皇帝に認められ、サンクトペテルブルクに新しくできたアカデミーで教えてほしいと兄とともに招かれた。

この兄が数カ月後に病死してしまい、ベルヌーイはホームシックにかかりバーゼルに戻ることを希望した。だが、息子にスイスに戻ってきてほしくない父親は、なるべく長い間息子がロシアに滞在するよう、自分の教え子である天才的数学者オイラーをロシアに送り込み息子がホームシックにならないように努力したという。

結果、ベルヌーイは6年もサンクトペテルブルクに留まることとなり、そこで、「効用」という概念をもとに新しい経済理論を生むこととなる。

効用とはすなわち満足のことであり、効用がすなわち価値であるという現代経済学の考え方は、嫉妬にかられた父親の努力の皮肉な結果として誕生したというわけだ。

サンクトペテルブルクのパラドックス

１７１３年、ダニエル・ベルヌーイの従弟のニコラスがギャンブルに関係するなぞなぞをつくった。当時の数学者たちは、こういったなぞなぞをつくっては仲間たちに解答を求め、互いの答えを比較し批判することによって切磋琢磨していたようだ。

冬の長いサンクトペテルブルクでは考える時間はたっぷりある。ベルヌーイはその謎を解いて、１７３８年に、「リスクの測定に関する新しい理論の解説」という論文のなかで発表した。後に「サンクトペテルブルクのパラドックス」と呼ばれるようになった謎とは次のようなものだ。

コイン投げのギャンブルで、表が出るまでコインを投げ続けるというゲームを想定する。

表が出た時点で参加者には賞金が支払われゲームは終了する。1回目に投げたとき表が出ればば2の1乗で2ダカット（ダカット金貨）、2回目ならば2の2乗で4ダカット、3回目ならば2の3乗の8ダカット……というふうに賞金が増えていく。このギャンブルに参加するために、どのくらいの賭け金なら払っても損ではないのか。

これがパラドックスと呼ばれる理由はこうである。

何度も投げ続けると数学的には膨大な賞金額になる。たとえば9回まで裏が出て10回目に表が出た賞金は2の10乗で1024ダカット。30回目に初めて表が出れば2の30乗で10億7374万1824ダカットの賞金を得られる。

当然ながら、確率的には、2回目も裏が出る確率は2分の1の2乗で4分の1の25％、10回目も裏が出る確率は2分の1の10乗で1024分の1の0・09％と減少していく。

こういった場合の期待値は、（パスカルが理論化したように）賞金額×確率なので、期待値は常に1ダカットとなる。たとえば、10回投げて初めて表が出る場合は賞金が1024ダカットだが、確率も1024分の1だから、期待値は1ダカット。だから、ずっと表が出なくてゲームに参加し続けていれば、期待値は1＋1＋1＋1……∞と、無限大になる。

数学だけにもとづいて合理的判断をするならば、すべての財産をなげうってもゲームに参加すべきだという結論になる。自己利益を論理的に計算して、それを最大化することだけを追求する人間（つまり、合理的経済人）であれば、すべての財産を賭け金として差し出してもよいはずだ。

だが、ほとんどのギャンブラーはそんな判断はバカげていると思う。裏が続くとしてもせいぜい数回。４回目に表が出て16ダカット、５回目に表が出て32ダカットだから、20ダカットくらいの賭け金なら運だめしでもしてみようか……と考えるくらいだろう。

期待できる賞金（つまり、期待価値）が無限大なのに、なぜ、普通の人間は5～20ダカットぐらいしか払おうとしないのか。これがサンクトペテルブルクのパラドックスだ。

なんだ、このパラドックスは？　こんなパラドックスを解いたところで何の役に立つのか？

そう考えるのは当然だ。結局、この謎は、人間の合理性を正当化するために解かなくてはいけない謎なのだ。正しい仮定と正しい推論から数学的に正しい結論を導いた。それにもかかわらず普通の人間は、その数学上での正しい結論に従わない。なぜだろうか……という謎を、数学者たちがいっしょになって考えたということなのだ。

つまり、自分の利益の最大化をはかる合理的人間なら全財産を賭けるはずなのに、普通の人間はなぜそうしないのかという疑問を解決しようとしたわけだ。

客観的価値と主観的価値

そして、ベルヌーイは、ギャンブルの賞金の客観的価値ではなく効用（utility）という主観的価値を使うことによって謎を解決した。

主観的価値は心理的価値だとも言える。論文「リスクの測定に関する新しい理論の解説」では、2万ダカットの賞金が当たる宝くじを例に挙げて、当たるか外れるかの確率はどのくじでも2分の1。非常に貧乏な人がこのくじを手に入れたとして、9000ダカットで売るのならそのほうがよいし、金持ちが9000ダカットで買うというのならそれもよいとし、「……リスクある企てからの利益の見込みは、個人それぞれの金銭的状況によって評価が異なることを考慮しなくてはいけない」と最初に論じて、獲得した金額から得られる効用は、保有している富の大小によって変化するとした。

「モノの価値は価格にもとづくべきではなく、それが生み出す効用にもとづいて決まる。モノの価格は誰にとっても等しい。だが効用は、モノの評価をする個人が置かれている状況によって異なる。よって、1000ダカットを獲得することは、同等の利得を得ることではあっても、金持ちが獲得するよりも貧乏人にとってはより重要なこととなる」と書いている。

さらに、「ごくわずかな富の増加から得られる満足度（効用）はすでに保有している財の数量に反比例する」とした。資産100ドルの状態からの獲得か、ゼロからの獲得かでは、客観的価値は同じ1ドルでも、その主観的価値である効用は異なるという考え方だ。

だから、パラドックスの例に戻ると、たとえ、ギャンブラーが無限大の資金をもっていたとしても、賭けによって得られる賞金への効用（満足度）は、累積金額が大きくなるある一定のところで低減し始める。獲得する賞金が増えれば増えるほど効用度は減っていく。よってゲームは、賞金という客観的価値が無限大だからずっと続くわけではなく、主観的価値である効用が低減し始めるところで終わりとなるというわけだ。

このコイン投げゲームにおいて、人が「利益」として勘定に入れるべきなのは、各賞金額の期待値（得られる賞金額×発生確率）を総計することではなくて、各賞金額から得られる「効用」の期待値を総計することである。つまり、期待する効用度（期待効用）は、最初の

5回くらいは1だとして、6回ぐらいから0・5、7回は0・25と半減していくとしよう。そうすると、10回目にもらえる賞金1024ダカットは、効用度（満足度）でいけば1024ダカット×0・03125＝32ダカットになってしまう。だから、実際には、ほとんどのギャンブラーは賭け金を20ダカットくらいしか払わないということになるのだ。

「主観的価値判断の数式化」の罪と罰

ベルヌーイは、不確実性下における合理的意思決定の基本は期待効用の最大化にあるという理論を経済学にもち込んだ。また、効用は逓減していくという考え方を示したことで、新古典派経済学の限界効用の考え方の基礎をつくった。

だが、ベルヌーイがしたことで一番重要なのは、主観的価値判断を経済学にもち込んだことであり、そのうえ、主観的価値判断すらも数式化できることを主張したことだ。結果、経済学に大きな矛盾をもち込むこととなる。

合理的に判断する人間なら全財産を賭けてもいいギャンブルなのに、普通の人間は5ダカットか20ダカットしか賭けない。直感というか常識的判断がそうさせるのだ。

行動経済学であれば、これをヒューリスティクスという進化の歴史で学んだ直感とか常識的判断だとみなしたであろう。だが、ベルヌーイやその仲間の数学者たちはそれでは納得できなかった。あくまで合理的意思決定にこだわった。合理的に意思決定すべき人間がなぜそうしないのかの謎を解くために、主観的価値をもち込んだ。

人間の満足や喜びといった感情が価値となるという方向性は正しかったが、それは合理的意思決定とは矛盾する。そして、ベルヌーイの考え方を継いだ新古典派経済学は、理論の数式にこだわることによって、この矛盾をより拡大させることとなる。

経済学者は経済学は規範的科学だと考える。他の社会科学が記述的理論、つまり、現実を描写し、実際の現象をより深く理解し、予想を可能にする理論をつくるとしたら、経済学は実際はどうあるべきかを提言し、現実を変えるための理論をつくる。

だから、行動経済学の理論は記述的理論であり、それと、主流派経済学の理論との間に違いがあるのは当然だとみなす。

しかし、実際の現象を理解することなしにつくられた理論が現実を変えることができるとは想像しにくい。

ところで、ベルヌーイと父親のその後の関係だが、バーゼルに戻ったベルヌーイは天文学や物理学で才能を発揮し、パリのアカデミーの優秀賞を10回も受賞した。息子が自分よりも優秀であることへの嫉妬から父親は息子とは口もきかない関係になり、息子が流体力学の力作を出版したときには、同じような内容の本を急いで書き上げ自分のほうが早く書いていたとして出版したくらいだ。

当然、盗作であることはすぐにばれて父親は科学者仲間たちの笑いものになったという。

こんな感情丸出しの父親をもったがゆえに、ベルヌーイは感情を悪しきものと嫌悪したのかもしれない。人間は感情に左右されることなく合理的に意思決定すべきだと考え、規範的な人間像として合理的経済人に固執したのかもしれない。

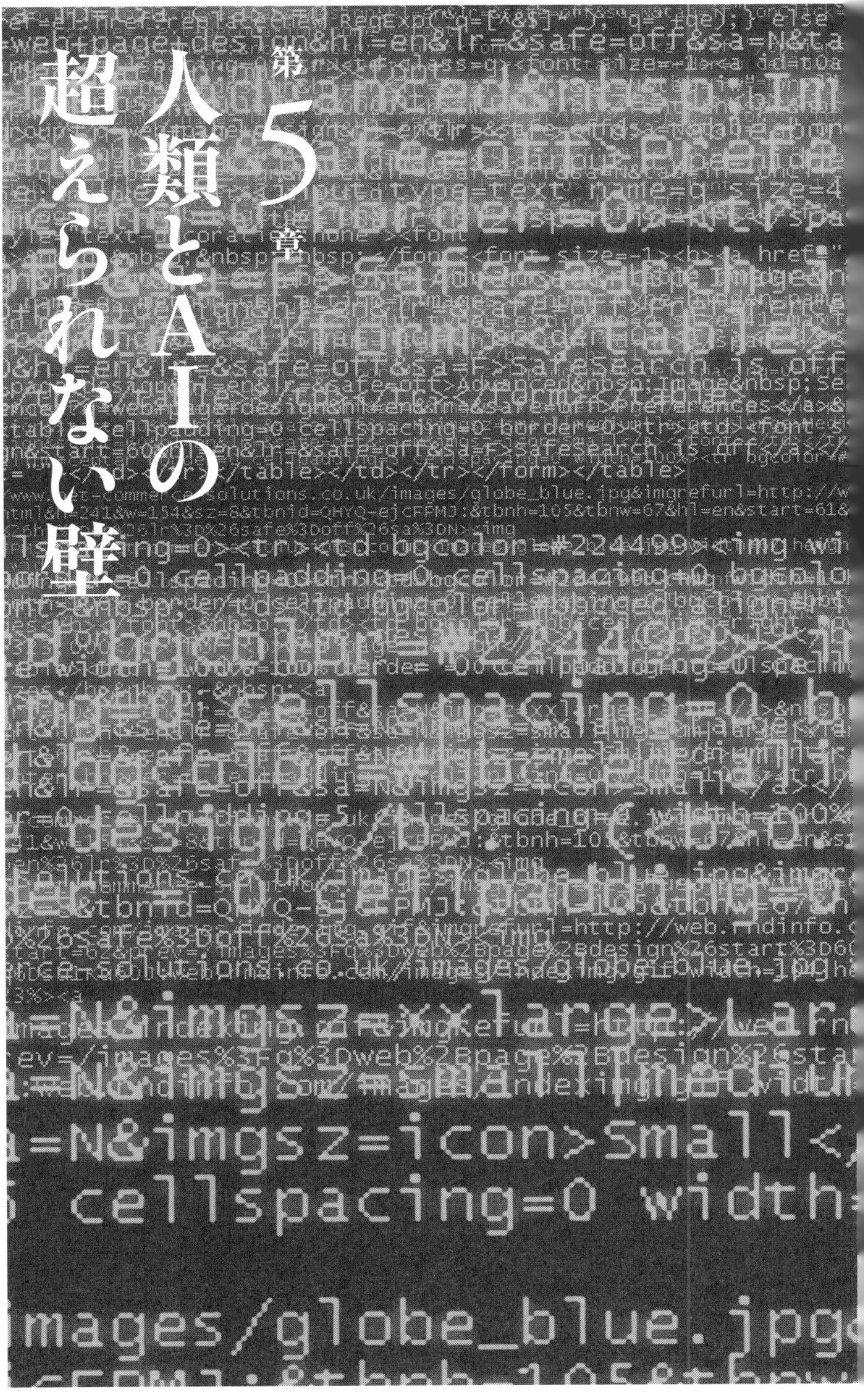

第5章 人類とAIの超えられない壁

なぜホモ・サピエンスは「アバウト」なのか

モノを買う消費者も、その消費者にモノを売る小売業者やモノをつくる生産者も、全員が「合理的経済人」であるという前提がなければ、いまの主流派経済学の理論は成り立たない。合理的経済人、あるいは単に経済人（homo economicus ホモ・エコノミカス）と呼ばれる人は、自己利益を合理的に計算して、それを最大化することだけを追求する利己的な人間だ。

私たち現生人類は学名でホモ・サピエンスという種に属する。ラテン語でホモは人間、サピエンスは賢い。私たちは「賢い人間」なのだ。ホモ・サピエンスのなかに、自分だけの利益を追求するために他人に及ぼす損失などまったく気にしない冷血漢は多くいる。だが、いくつかある選択肢のなかから自己の利益を最大化するような一つを選びだす「賢さ」があるホモ・エコノミカスが存在しているとは思えない。

たとえば、こんな実例がある。

イトーヨーカドーが1万8000円と3万8000円の羽毛布団を販売したことがある。

多くの消費者が安いほうがよいと思ったのか、1万8000円のほうがよく売れた。ところが、もう1ランク上の5万8000円の商品を発売したら、途端に3万8000円の商品が一番売れるようになった。

買い手がこういった不可思議な行動をとることは、昔から知られていた。たとえば、うなぎ屋やすし屋のメニューは松竹梅とか特上、上、並の3種類になっていて、松が2300円、竹は1500円、梅は800円といったふうに値づけする。こういった3つの選択肢を提供すると、必ずといっていいほど真ん中が一番売れる。

買い手は、3つの選択肢で真ん中を選ぶとき、それぞれの価格や内容を検討して、自己の利益を最大化する合理的選択をしているのだろうか。一番安いものだと「安かろう悪かろう」で失望するかもしれない、反対に、一番高いものは「価格の割にはそれほどでもない」と失望するかもしれない、「真ん中を選んでおけば無難だろう」といった感じで、自己利益を最大化するというよりは、損をしたくないという消極的な動機づけで意思決定をしているのではないだろうか。

こういった疑問を明確にしてくれるのが米国でなされた実験調査だ。大学生を対象に、5

種類の電卓（A～E）を提示し、購買するとしたらどれを選択するか答えてもらう。最初に、AよりはB、BよりはC……DよりはEと高機能になっていくと説明される。

Aの機能数は8だが、一番高機能のEには40種類の機能が備わっている。ただし、機能が高くなるとともに故障も増えることも明らかにされる。たとえば、最初の2年間に修理が必要となる確率はAは1％だが、Eは9％。こういった条件を示したうえで、どれを買いたいか選択してもらうわけだ。

まずA、B、Cの3つから選んでもらい、次にB、C、Dから選んでもらう。最後にC、D、Eを提示して買いたいものを選んでもらう。その選択結果は次のようになっている。

1回目　A＝5％、B＝48％、C＝47％

2回目　B＝26％、C＝45％、D＝29％

3回目　C＝36％、D＝40％、E＝24％

どのグループにおいても真ん中が選ばれている。経済学でいう「合理的」には、自分の好みが明確であり、それには矛盾がなく、常に不変。そしてその好みに基づいて、自分の効用（満足）が最大化するような選択肢を選ぶという意味合いがある。

だが、この実験調査結果をみる限り、被験者たちにそのような合理性があるとは思えない。先に説明したように、「真ん中を選んでおくほうが無難」という心理から判断していると考えたほうがよいだろう。

こういった実例からみても、私たちホモ・サピエンスの意思決定は、よく使われる和製英語が適切に表現してくれるように「アバウト」でいい加減なところがある。なぜ私たちは「アバウト」なのか？　この疑問に答えてくれたのが行動経済学だ。

社会科学のレノン&マッカートニー

先にも紹介した行動経済学の祖とされる2人のイスラエルの認知心理学者ダニエル・カーネマンとエイモス・トヴェルスキーは、1970年代から80年代初めにかけて共著で8つの主要論文を発表している。どの論文も人間の意思決定にかかわるもので、人間は一見不合理な判断をすることがたびたびあるが、そこには一定のルールがあると主張し、そのルールを明らかにしてみせた。

2人の学説が注目されるようになったのは論文「プロスペクト理論：リスク下での決定の

分析」が、79年に、「エコノメトリカ」というジャーナルに掲載されてからだ。「エコノメトリカ」は経済学、とくに計量経済学関連の論文を掲載する国際的にも権威あるジャーナルだ。

カーネマンが2002年にノーベル経済学賞を受賞したとき、主流派経済学の学者には、やっかみもあってか、心理学者がノーベル賞を受賞できたのは、「エコノメトリカ」に論文が掲載されたおかげだ。しかも経済学が好きな数式を使い、主流派経済学の中核理論といえる期待効用理論を批判したからだと陰口をたたく人もいたようだ。

カーネマン本人は、別にそういったことを考えたわけではなく、「エコノメトリカ」は意思決定理論に関しての重要な論文を発表しているから選んだだけだと書いている。だが、「もし心理学の専門誌で論文を発表していたら、経済学にはほとんど影響を与えることはなかったであろう」とも語っている。当然、ノーベル賞を受賞することもなかったであろう。

残念ながら、エイモス・トヴェルスキーは96年に59歳の若さでガンで亡くなっている。「(エイモスと話して) 彼が自分よりも頭がいいと気づくのが早ければ早いほど、あなたは頭がいい」と言われるくらい優秀な頭脳の持ち主として学者仲間でも有名だったらしい。

楽天的でカリスマ性もあったトヴェルスキーと、どちらかというと心配性で慎重なカーネマンではあったがなぜか気が合った。10年間の共同研究で、「人間は、政府や中央銀行を動かしている経済学者が考えるように、自分が得る価値計算をしたうえで意思決定するわけではない。人間が意思決定をするためには意識的な論理的思考だけではなく無意識の認知プロセスをも必要とする」と主張し、その根拠を明らかにする論文を協力して完成させた。

イスラエルから米国に居を移してからは疎遠になったこともあった。トヴェルスキーのほうにスポットライトが当たることにカーネマンが嫉妬したという噂もある。だが、2人のどちらとも親しかったリチャード・セイラー（シカゴ大学経済学教授で2017年にノーベル経済学賞を受賞）は、2人の関係をビートルズのポール・マッカートニーとジョン・レノンにたとえている。

2人が一体となって研究活動に打ち込んでいたとき、素晴らしい成果が生まれた。が、そういった創造的関係は長くは続かない。2人の学者の別れ方は、状況は違っても、レノンとマッカートニーの別れを思い起こさせる。

96年、電話でのやりとりに頭にきたカーネマンがトヴェルスキーに「もう、私たちは友達でもなんでもない」と決別宣言をした3日後、トヴェルスキーから電話がかかってきた。トヴェルスキーは、悪性ガンのメラノーマで余命6カ月の宣告を受けたことをカーネマンに告げ、「君がどう思っていようと、僕たちは友人だよ」と語ったという。

行動経済学の正しさは、実社会が証明する

プロスペクト理論は注目を集めはしたが、それでも、1980年代後半に行動経済学者を名乗っていた学者は「私以外には3人しかいなかった」とリチャード・セイラーは書いている。

セイラーは、経済学を勉強していた学生だったとき、すでに、日常の生活のなかで合理的な意思決定が行われていない例が多々あることに気づいていた。そして、自分が受けている授業で教えられる経済理論が合理的経済人を前提としているとしたら、その理論は、実際の経済活動のなかでは役に立たないのではないかと疑い始めていた。

たとえば、セイラーは、ワインが大好きな経済学の教授が昔10ドルで買ったワインを100ドル以上の時価で買い取りたいという申し出を断ったのを知り、その不合理性を面白がり、これを「保有効果」と命名した（この教授は自分が飲む楽しみだけのためにワインを

集めており、売買で利益を得ることは考えていない)。

保有効果は、人間はあるものを所有すると、それをもっていなかった場合のときよりも、そのものの価値を高く評価するというものだ。そういった人間心理を利用した具体例をポイント販促にみることができる。

入会時に1000ポイントとか3000ポイントを贈呈するポイントカードやクレジットカードがある。たとえば、あるカードでは入会時に5000ポイントもらえる。入会しても利用しないままで終わってしまう会員も多い。そういった休眠会員を減らすための販促手法だ。

新規入会すれば5000ポイントと言われると、すでに自分の所有物となった5000ポイントを利用しないままではもったいないような、損をしたような気になる。だから、実際にカードを使ってみる。そして、一度使うことがきっかけになり、その後もカードを利用し続ける傾向が高くなる。

保有効果現象でみられるように、自分がすでに所有しているというだけで、それを所有していなかったときよりも高い価値を感じるのは、いわゆる一般庶民だけではない（なぜ、ここで「一般庶民」という言葉を使うかというと、行動経済学が主張する「人間が不合理な意思決定をするのはよくあること」に対して、学者や経営者のなかには、仕事をしていない専業主婦とかには当てはまるかもしれないが……的に思う人もいるからだ）。

実際には、大学どころか大学院まで出て就職してからもエリート街道を歩いてきた人でさえ保有効果はみられる。たとえばプロの投資家が、自分が保有する株の売却を判断するときに、市場における中立的な立場で評価するよりも高く評価する傾向がある。

結果として、売却時期がずるずる延びてしまう現象がみられることは機関投資家の間ではよく知られている。こういった現象を防ぐには、「いま、その株をもっていないとして、いまの状況でも購入するか？」と自問自答するのがベストな対処法だとされる。

論理的思考に優れたエリートとみなされる人でさえ合理的な意思決定はできない。その理由はなぜなのか？

それは、人間には認知の段階でバイアス（偏り）があるからだ。それを知っていた認知心理学者のカーネマンやトヴェルスキーには、人間は合理的な意思決定ができるとする経済学者たちの主張は、現実を見ない机上の理論としか思えなかったことだろう。

人間の脳は、欠陥品だが優れもの

人間を含めて動物は、まわりの環境からの刺激（情報）を五感をとおして知覚し（感知し）、その情報を査定（評価）したうえで意思決定をして行動する。認知（cognition）とは、対象となる事物や事象について「知る」ことであり、知るためには情報を「知覚」「記憶」「学習」「思考」といった認知プロセスで処理することが必要となる。

この認知プロセスは、心理学においては、長い間、解明できないブラックボックスとされていた。だから、「パブロフの犬の条件反射」のように、どういった刺激を与えたらどういった反応があるかを観察研究することが中心だった。

面白いことには、ブラックボックスとされた人間の認知の仕組みを解明しようという動きは、ＡＩ（Artificial Intelligence 人工知能）の研究に促されるようにして始まっている。人間の脳をまねて人工的な知能を創ろうという研究は、１９５０年代に、現在のコンピュータの原型といえる機械の開発製造が始まるとともにスタートしている。

ＡＩ研究に影響され、人間の脳（自然知能 Natural Intelligence ＝ＮＩ）もコンピュータと同じ情報システムとみなし、その情報処理過程を明らかにしようとする認知心理学が誕生した。

それ以降、ＡＩと認知心理学の研究は互いに影響を受け合いながら発展してきた。90年代にはｆＭＲＩ（機能的磁気共鳴映像装置）や脳波計といった技術の利用が進み、人間が購買決定したりするときの脳内の変化を、脳を傷つけることなく外から観察できるようになり、脳への理解はそれ以前とは比べられないくらい深まった。

とはいえ、人間の脳の仕組みについては、まだまだ、わからないことばかりだ。

そういった意味で、ＡＩがＮＩを超えるかどうかという最近の議論は、議論すること自体がおかしな話だ。模倣する対象が未知なのだ。まだわかっていないものを模倣するのは無理だろう。

大体において、ＮＩには模倣に値する価値があるのだろうか。これから指摘するように、人間の情報処理過程には欠陥が多々ある。もっとも、情報をあるがままに処理しているかという意味では欠陥品だが、情報処理システムの効率性とか他の観点からみれば「優れもの」と言えないこともない。

「過去の自分がいまの自分をつくる」

まず、欠陥とみなされるかもしれない点を紹介してみる。

人間は５つの感覚を通して外界から情報を取り入れる。視覚（目）、聴覚（耳）、嗅覚（鼻）、味覚（口）、皮膚感覚（触覚、圧覚、温覚、冷覚、痛覚を含む）がなければ、外界の情報（刺激）はまったく入ってこない。

いまのＡＩは視覚と聴覚のセンサー中心だが、今後採用するセンサーが人間と同じ感覚とは限らない。異なるセンサーを付加すれば、ＡＩがみる世界は人間とは異なる可能性もある。

さて、ここで問題になるのは人間は外界の情報をすべて取り入れられないということだ。脳の容量には限界があり、外界刺激をすべて取り入れて、すべての情報を処理することは物理的に無理。そのために、どの刺激を情報処理するか選択したり、どのくらいの容量を割り当てるかが決められる。

無視して脳内に取り入れない情報もあれば、かなり注力する情報もある。ここがＡＩとは大きく違う。世界に17のデータセンター（２０１８年1月現在）をもつグーグルでは、データ処理を100万台を超すといわれるサーバーに分散させ、処理結果をネットワーク上で共有する分散処理システムを採用している。このシステムであれば、容量が足りなくなったらサーバーを足せばよい。NIではそう簡単にはいかない。だから、情報量を制限する。

たとえば、広告ひとつをとっても、テレビCM、スマホ上の広告、外に出れば電車の中つり広告や看板……無数の情報刺激が目や耳に入ってくる。

すべてを脳内に取り入れることはできない。だから、そのなかから自分にとって意味ある情報だけに注意し取り入れる。「自分にとって意味がある」というのはどういったことかといえば、自分の記憶と関連性が深い情報は意味あるものとして受け入れるということだ。

どの刺激に注意を払い選択するかには、過去の記憶（経験の記憶＋蓄積された知識）が大きな影響を与えている。具体例で言えば、「原発反対」という考えを強くもっている人には、そういった意見をもつにいたった個人的経験や本やメディア、あるいは影響力ある知人から得た知識の蓄積である記憶が存在するはずだ。

脳は、そういった記憶に基づいて、原発という言葉を目にし、耳にしただけで、意味あると判断して注意を払うよう指令を出すことだろう。場合によって、「原発促進」といった見出しが目に入ってきた場合、初めから無意味だと判断して選択しないかもしれない。「過去の自分がいまの自分をつくっている」というちょっとキザな台詞があるが、これは正しい。「過去の自分」を要約した記憶が「いまの自分」が何を知るべきかを取捨選択しているのだ。

「安かろう悪かろう」という認知バイアス

ソーシャルメディアは、ユーザーが過去に読んだカテゴリーの記事や関連記事だけを選んで送る便利なパーソナライズド・サービスを提供している。結果、ユーザーは自分の好みの記事や意見にしか接触しなくなる。こういったやり方は、異なる意見を無視し、幅広い視野で物事を判断する可能性を狭めることになる。ポピュリズムの風潮を促すことになる。ゆゆしき問題だという議論がある。

だが、人間の脳も自分の記憶にもとづいて情報の取捨選択をしている。だから、ソーシャルメディアによるニュース・サービスを利用している人は二重の選択をしたうえで、自分にとって意味あるものだけを取り入れていることになる。

確かにゆゆしき問題だ。なぜなら、容量に問題がないＡＩの場合は、すべての情報を取捨選択することなく取り入れることができる。人間の場合は、無意識のうちに、選択した情報だけを脳内に取り入れているのだから認知にバイアスが出てくるのは当然だ。

ただし、これを欠陥だと結論づけるのは単純すぎるかもしれない。過去の記憶にもとづいて意味ある情報だけを取り入れることは、認知バイアスをもたらすという原因になってはいるが、反対に、それが個々人の個性をもたらす要因にもなっている。長い進化を経てつくられた脳の仕組みだ。欠陥だと軽く判断できるものでもない。

認知バイアスは情報を取り入れる過程以外でも発生する。

取り入れた情報刺激を記憶する段階において、情報の意味を解釈し、他の情報と関連づけたりする。このとき、これまでの記憶にもとづいて解釈してしまうことがある。

大人の場合は、保存蓄積された経験の記憶や知識がある程度できあがっている。そして、そこに、「値段の安いものは品質も悪い」という記憶があったとしよう。「安かろう悪かろう」は、60代以上の人にとって世間の常識という知識になって記憶されているかもしれない。時代が変わってニトリのように値段は安くてもある程度の品質が保たれている家具が登場するようになっても、「この商品は安い、だから品質が悪い」と解釈してしまう。

行動経済学では、人間の不合理な意思決定について次のように説明する。「情報処理過程において、特に、感覚を通して出来事を把握する段階において、事実をゆがめて把握したり、非論理的解釈をすることがあり、結果、不合理な判断をする傾向が人間にはある。正しい判断基準から逸脱する現象には一定のパターンがあり、これを『認知バイアス』という」。

1割くらい重くないと、重量の付加に気づかない

感覚を通して出来事を把握する段階において、事実をゆがめて把握すると書いた。そのゆがめ方は個人ごとに異なっているとして、その例も紹介した。

だが、すべての人間に共通するゆがめ方もある。感覚刺激、つまり感覚を通じて入ってくる情報を変形して把握するのだが、その変形の仕方が人間すべてに共通しているのだ。それを、1830年代に実験で証明したのが、ドイツの生理学者のエルンスト・ヴェーバーだ。

ヴェーバーは触覚を研究するにあたって、1つの変数だけを操作して、もう1つの変数の変化を測定し、2つの変数に因果関係があるかどうかを調べるという当時としては科学的で

優れた実験手法を用いた。

たとえば、重さという感覚刺激の実験では、目隠しをされた被験者がおもりを載せた皿を片手にもたされる。その皿の上に、金属の削りくずが静かに足され、重さの変化に気がついたら合図するように指示される。人が重さの変化を感知するには、どれだけの重さが加わる必要があるのか？

こういった実験を繰り返すことにより、「ちょうど気づく差」はもとの重さに対して一定の比率にあることを発見した。

重さの場合、この比率は8～10％。したがって、1キログラムの重さの場合は、10％として100グラム増えた1・1キログラムにならないと重くなったことに気がつかない。2キロのおもりの場合には200グラム、5キロのおもりなら500グラム増えないと重くなったことに気がつかないことになる。つまり、気づくことができる最少の刺激差は、基準となる刺激の強さに比例することを発見したのだ。

ヴェーバーは心理学の前身ともいえる精神物理学の祖と呼ばれ、実験心理学の成立にも大きな影響を与えた。

客観的価値は正確に認知できない

ウェーバーの弟子のグスタフ・フェヒナーは、ヴェーバーの実験からインスピレーションを得て、光や音といった刺激の客観的変化が明るさや音の強さといった主観的変化を引き起こすのをひとつの数式によって表現できるのではないかと考え、ヴェーバーの法則をつくりあげた。自らの師匠への尊敬の念を込めたのだが、一般的には「ヴェーバー－フェヒナーの法則」と呼ばれる。

この法則は、Ｅ（感覚量・心理量）＝Ｃ（定数）ｌｏｇＲ（刺激強度）とされる。つまり、主観的な（心理的な）感覚量は、刺激の実際の強度の対数に比例して知覚されるということだ。これが何を意味するかといえば、感覚刺激の強度の実際の量と知覚される量が違うということだ。

客観的価値を感じ取るセンサーは、人間の知覚システムにはないということだ。ヴェーバー－フェヒナーの法則は、日常に存在する中程度の刺激について、重さ、音、味、匂い、明るさ、痛み、寒暖、圧力、数、時間などの感覚にあてはまることがわかっている。

また、この法則は、刺激の強さを強めていくにしたがって、感覚の強さは初め急激に変化するが、しだいにその増加率が緩やかになっていくという体験にも沿っている。つまり、外部からの刺激を感覚としてとらえるときに、客観的価値の主観的価値逓減が存在するということだ。

たとえば、コーヒーに砂糖を入れるとして、最初のスプーン1杯の砂糖は甘さの違いを感じさせるが、すでにスプーン3杯の砂糖が入っているコーヒーにもう1杯砂糖を入れても、甘さの違いをそれほど感じないことだろう。心理的な感覚量は、刺激の強度が増えるほど逓減していくというわけだ。

この法則はお金にも通用する。そして、100年前に、ベルヌーイはその事実を発見している。彼の場合は、ヴェーバーのように実験したわけではない。数式を使い論理的に思索することで考え出したのだ。お金の場合、心理量は効用、刺激強度は所有している富となる。そして、効用である主観的価値は、富の客観的価値が大きくなるほど逓減することも理論化し、効用が富の対数に比例していることを表す式も論文に書いている。

ヴェーバー－フェヒナーの法則が描く刺激と感覚との関係を示すグラフとベルヌーイが論

文に描いた富と効用との関係を示すグラフは、どちらも逓減型の凸曲線を描いている（１５４ページ参照）。

対数に変換された感覚刺激

動物は、感覚を通した情報によって環境を解釈し意思決定をする。動物がどうやって物理的環境からの刺激を知覚し測定するか、その方法がすべての意思決定にかかわる。そして、人間を含めた動物種に共通していえる特徴は、多くの物理的刺激を対数に変換して知覚することだ。言葉を換えれば、ヴェーバー＝フェヒナーの法則どおり、刺激の実際の強度ではなくその対数に比例して知覚する。

なぜ、動物はそうするのかといえば、ひとつには、進化の歴史において、そのほうが実際的だったという説がある。

たとえば、われわれの遠い祖先である猿人が二足歩行を始めたといわれる４００万年前ごろからの長い進化の歴史において、違いや差を知っていなかったら生死にかかわるような出来事を考えてみよう。

アフリカのサバンナにおいて、自分の前方にいる獰猛そうな野獣が2頭なのか3頭なのかは重要な情報だ。だが、自分が狩りをしようとしているガゼルの群れが30頭なのか25頭なのかは重要な情報ではない。どのみち自分が仲間といっしょに仕留められるガゼルは1頭か2頭だ。

所有している財産といえる食料にしろ、バナナが5本あるとして、そのうちの20％である1本が減っていればすぐに知覚できる。誰かに盗まれたとすぐにわかる。だが、30本あったら1本減ってもわからない。5～6本減って初めて知覚できる。

動物は、食べ物や繁殖相手など、2つ以上の刺激を比べて選択する。そのためには刺激の違いに気づかなくてはいけない。

ヴェーバーの実験でも明らかなように、重さが10キログラムだと違いに気づくには1キロの差がなくてはいけない。反対に、1キロだと100グラムで違いに気づく。

つまり、規模が小さいときと大きいときの「正確さ」は異なっていてよいのだ。対数に変換すれば、規模に最適な正確さを得られる。進化の歴史の大半において、絶対誤差よりも相対誤差のほうが重要であった。絶対誤差が重要になったのは、このわずか数百年のことだ。

環境に適応して対数変換の仕組みができたという考え方を紹介したが、それ以外に、脳内における情報処理の効率性から生まれたという説もある。感覚システムが、１つの感覚パラメーター内に発生する等級の膨大な差（変化）を減らすためにあると考えられている。

たとえば、光に関していえば、月のない夜と太陽が照っている日中との光の等級には１００億以上の変化がある。10の10乗＝１００億、これを対数変換すれば10＝ｌｏｇ１００億。１００億が10のレベルに変換できる。感覚細胞はこういった膨大な変化を対数目盛に圧縮できれば効率的に伝達できる。必要な神経細胞の数も減るというわけだ。

いずれにしても、対数的な知覚は、狩猟採集生活において十分であった。客観的価値を知る必要はつい最近までなかった。紀元前数千年前に物々交換が始まって、初めて、客観的価値の必要性が認識されるようになった。

紀元前２０００年前につくられた秤がインダス川流域（いまのパキスタン）で発掘されているが、こういった天秤は、あらかじめ重さの決められた石と比較して、量りたいものがその石より重いか軽いかというものであった。こういった量り方の問題点は、基準とする石を変えて自分の利益を増やそうとするずる賢い商人がいることだ。

それでも、相対的に重さを量ることで人間の暮らしに大きな支障がなかったのだろう。絶対値を量ることができる「ばね式秤」ができたのは、18世紀後半になってからだ。1770年に英国の秤メーカーが発明した。ばね式は安価であることもあって、現在でも使われている。正確な電子式秤が完成され販売されるようになったのは20世紀に入ってからだ。

我々人間が絶対値ではなくて相対的に意思決定することは、現代のショッピングでも観察できる。スーパーマーケットで買い物をしたばかりの客に値段はいくらだったかと質問する調査をしたところ、商品の値段は覚えていないが、いくら割り引きされていたとか、あるいは何％割り引きされていたかは覚えている。

こういった傾向を、プロスペクト理論では「参照点依存性」と表現し、価値は参照点からの変化、またはそれとの比較によって判断され、絶対的な基準が価値を決めるわけではないと説明する。この場合、参照点になるのは「定価」であり、購買客はそれよりいくら安くなったかで自分が得た価値を判断している。

購買客は、また、150円のものが50円に値引きされているとお買い得だと思うが、1500円のものが1400円に値引きされてもあまりたいしたこととは思わない。どちらも同じ100円の割引なのに主観的価値は異なる。

プロスペクト理論ではこういった認知傾向を「感応度逓減性」とし、利得でも損失でもその値が小さいうちは変化に対して敏感だが、値が大きくなるにつれて、小さな変化への感応度は逓減すると説明する。

アフリカのサバンナに住んでいた我々の祖先もスーパーでショッピングする買い物客も、数や金銭、その他の感覚刺激を対数で知覚している点では変わっていないということだ。

損失を過大評価する人間の性《さが》

客観的価値を知覚できず、主観的価値で知覚して意思決定をする人間には、当然、多くの認知バイアスがみられる。なかでも、人間の行動に無意識のうちに多大なる影響を与えているのが、プロスペクト理論で「損失回避性」と名づけられた認知バイアスだ。

カーネマンやトヴェルスキーは、ギャンブルやくじを買う場合を想定した質問をし、それへの答えを考察することで、利得と損失では人間の心理は大きく変わることに気がついた。

問題①　確実に９００ドルもらえる。または、90％の確率で１０００ドルもらえる。あなたはどちらを選びますか？

問題②　確実に９００ドル失う。または、90％の確率で１０００ドル失う。あなたはどちらを選びますか？

期待値はどれも１０００ドル×90％＝９００ドル。だが、問題①では確実にもらえるほうを選び、問題②では何も失わない10％の確率に望みをかける。利得と損失とではリスクに対する態度が違うという事実は、パスカルが提議した期待値やベルヌーイが提議した期待効用の考え方ではうまく説明できないことに、２人の研究者は気がついた。

そして、次のような質問で、人間は損失を利得より過大評価するという結論を出している。

問題　あなたはコイン投げのギャンブルに誘われました。裏が出たら１００ドル払います。

表が出たら150ドルもらえます。このギャンブルは魅力的ですか？ あなたはやりますか？

大多数の人は、「やらない」と答えた。ただし、損失の場合の2倍の200ドルもらえるということになると、「やる」と答える人が増える。

この種の調査を多数した結果として、「人間は損失を利益より強く感じる」と結論づけ、こういった人間の性向を「損失回避性」と名づけた。また、損失は利得の1・5〜2・5倍に感じられるという結論も得ている。

プロスペクト理論は、すでに紹介した「参照点依存性」「感応度逓減性」、そして「損失回避性」という3つの特徴をもち、ベルヌーイの凸型で逓減型のグラフをマイナス域にまで延長したS字型のグラフを描く。

ベルヌーイも富と効用（心理的価値、満足感）における感応度逓減性を示しはしたが、100万円保有している人が得る効用は誰でも同じという考え方だった。

だが、今日、同じ100万円保有しているAさんとBさんでも、Aさんは昨日150万円

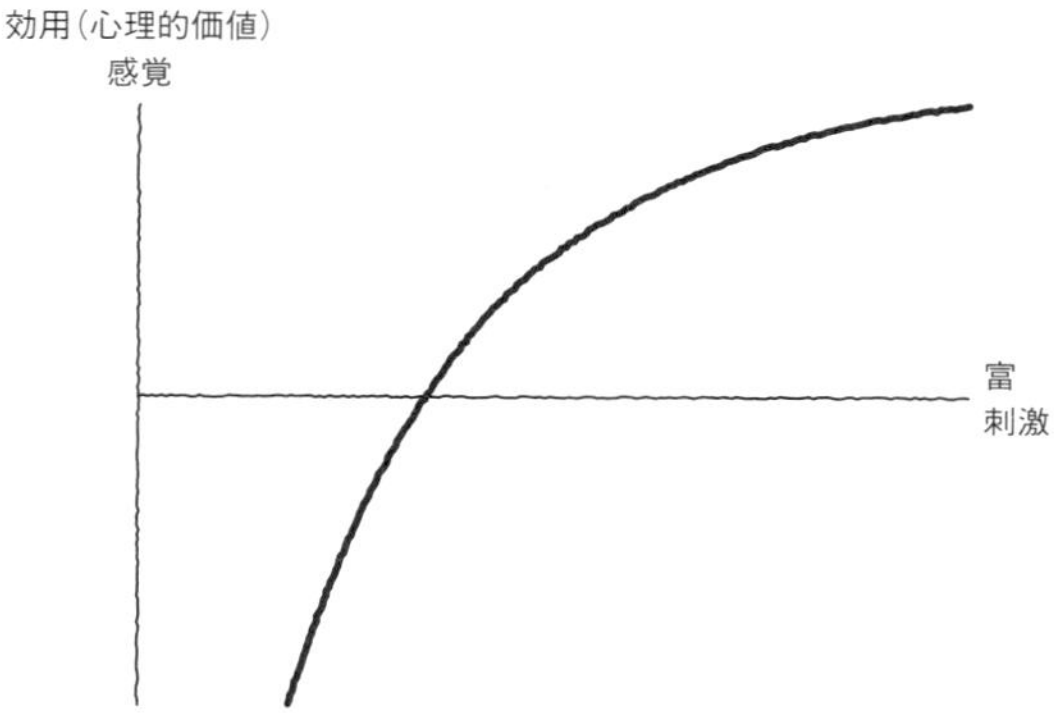

ベルヌーイ（効用と富）
ヴェーバー-フェヒナー（感覚と刺激）

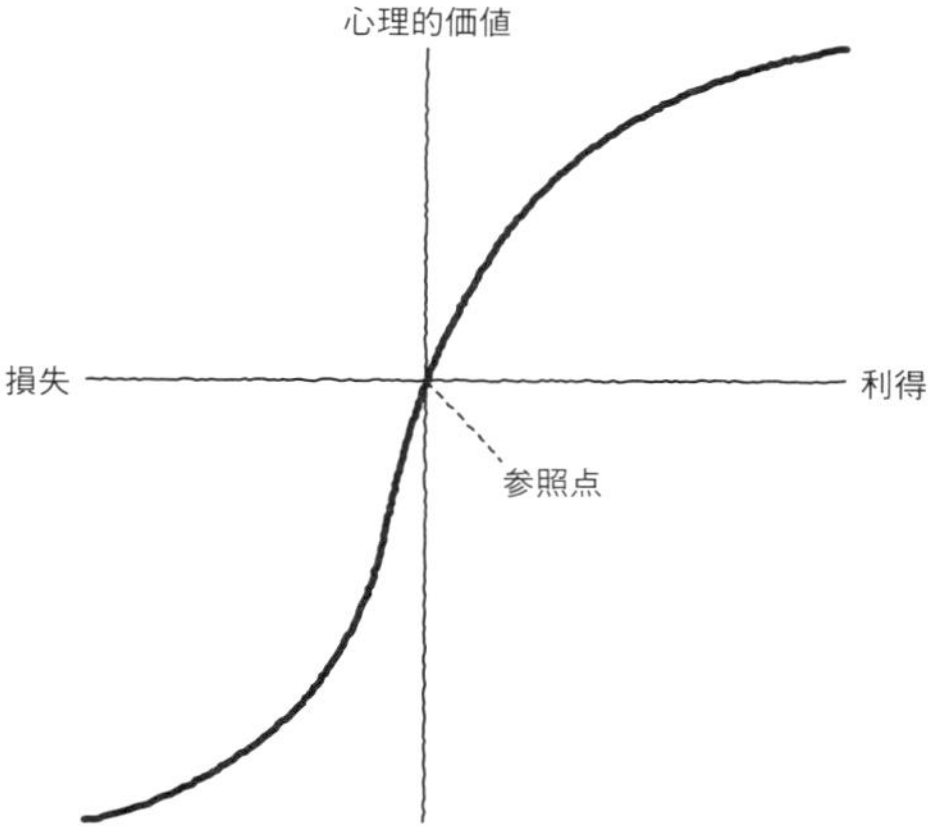

プロスペクト理論

あったのがギャンブルで50万円失った、Bさんは昨日は50万円しかなかったのがギャンブルで50万円獲得した……という場合、同じ100万円の富を保有していても、Bさんの満足感はAさんよりずっと高いだろう。参照点が違うからだ。

Aさんの参照点は150万円、Bさんは50万円。しかもAさんは損失を出し、Bさんは利得を得た。S字型カーブは左右対称ではない。損失に対する感応度は利得への感応度より高い。

プロスペクト理論は、人間は富の状態ではなく、富の変化に反応することに注目した。人間は相対的に価値を判断し、損失を利得よりも強く感じるという認知の特徴があることを指摘し、主流派経済学の期待効用論の欠陥を明らかにする内容となっている。

行動経済学という新しい学問に疑念を抱く経済学者の多くは、こういった仮定にもとづく質問をし、それへの答えを土台として理論を構築することを批判した。

また、カーネマンとトヴェルスキーの実験調査では、被験者は自分のお金を賭けていないことが多い。経済学者たちは、これも批判した。自分のお金が、しかも小遣い銭くらいしかからんでいない仮定の質問への答えなど信頼できないというわけだ。

プロスペクト理論が徐々に受け入れられるようになったのは、実際の社会における人間の経済活動、たとえば、個人投資家の動き、組織における経営者の判断や消費者の購買行動が、プロスペクト理論のなかで主張された説だとうまく説明できることがわかってきたからだ。人間には「損失回避性」があると考えると、主流派経済学にとっては不合理な行動の多くが納得できる形で説明できる。

3つの選択肢があれば真ん中を選ぶのも保有効果現象も、人間に損失回避性があるからだ。実物をみないで購買を決める通信販売が先進国で受け入れられるようになったのは「届いた商品に不満足なら返品可能」が一般化するようになってからだ。

中国のアリババは「独身の日セール」のたった1日で3兆円近い売上をあげて世界を驚かせた。ネット通販が中国で急激に伸びた最初のきっかけは、アリババが売り手と買い手の間に入り、購入代金を買い手から預かり、届いた商品に買い手が納得してから売り手に支払うというサービスを始めてからだ。悪徳業者に騙されて損をしたくないという消費者の心理にアピールすることで成功を得たのだ。

現状維持バイアスの恐るべき威力

損失の価値を同等額の利得の価値よりも大きくみるという不合理なことが、なぜ起こるのか。この現象をダニエル・カーネマンは次のように表現する。

「人間は自分がいまもっているものを失うことに恐怖心を感じます。その可能性が非常に低くても可能性があるというだけで恐れを抱くのです。その恐れの感情が論理的思考を妨げるのです」

いまもっているものを失う恐怖心は、人類にはDNAに深く刻まれ遺伝された共通記憶として残っている。20万年前にアフリカのサバンナに住んでいた私たちの直接の祖先は、1万年ほど前に農業が始まるまでの19万年という気の遠くなるような長い間、ずっと飢餓と戦ってきた。狩猟採集生活をしていた遠い祖先の次のような状況と心理を想像してほしい。

気候不順で食べものが見つからない。自分は、イモ4本をもっているが、これであと10日間くらいは飢えをしのがなくてはいけない。

そんなとき、狩りが上手な男がやってきて明日仲間と狩りに出るという。だが、もう数日ろくなものを口にしておらず力が出ない。イモを2本くれれば元気になれる。明日イノシシを一頭しとめたら肉の半分をやろうともちかける――。

現代なら、おいしい投資話だ。イノシシをしとめる確率が5割だとしても、イモ2本で大量のたんぱく質が見返りとして得られるなら悪い話ではない。だが、5割の確率でイモ2本を失う。残りが2本になるということは、それだけ自分の死が近づくということだ。狩りの成功率が、たとえ8割でも、2割の確率で失敗することを考えると大いに悩む。

こういった記憶がDNAに深く刻まれていて、私たち現代人の意思決定や行動に無意識のうちに大きな影響を与える。

自分は「損失回避性」の影響など受けていないという人も、「現状維持バイアス」という言葉を聞けば、納得できるのではないだろうか。いまもっているものを失うことへ恐怖心から、現状がよほどいやでもない限り、選択して行動を起こすことを躊躇するのが「現状維持バイアス」だ。

変化することは素晴らしい未来をもたらすかもしれない。だが、現状より悪くなる可能性もある。たとえその確率が低くても、現在がよほどひどい状態でない限りリスクはとりたくない……と考えるのが普通の人間だ。

「変えなくては」と思ったら、もはや手遅れ

現状維持バイアスという認知バイアスのしばりからは、理性的判断を期待される経営陣ですらも解き放たれることは難しい。これが大企業病を生み、ひいては日本の総合電気メーカーの衰退をもたらした。不安な時代には現状維持バイアスはより強くなる。変化の時代と言われ、大胆に変わっていかなければ会社の将来はないというのに、なかなか動けない。

２００９年に日本の製造業史上最大の赤字額を出した日立製作所は、子会社から戻ってきた川村隆氏が社長に就任して大胆な構造改革を実現した。

子会社の数を９１０社から約７００社に減らし、人員も国内外で７０００人削減した。売却した事業部もあったため、２０１１年度には従業員数は36万人台から32万人台と約11％減少した。こういった変化を推進させた川村氏は「日本人は、傾向として現状維持が好きです。現状でなんとかできているものを変えようというのは、よほどのことがないとやらないでしょう」と語っている。

だが、現状維持バイアスは日本人だけのものではない。損失回避性はDNA遺伝しているのだから、世界共通の性向だ。大企業病というのは現状維持バイアスから生まれるわけで、ぬるま湯的環境のなか、経営者を含めて従業員全員が変化を避けようとする。

1992年に米国ビジネス史上最大の赤字を出したIBMを大改革で再生させたルイス・ガースナーもこう言っている。「変化を好む人はあまりいませんし、ほとんどの人は変化を恐れるがゆえに、変わろうとしません」。

ただし、現状がこれ以上どうにもならないほど悪い状況になった場合、人間は喜んでリスクをとる。いまもっているものに価値が感じられないのだから、どう行動してどう変化がもたらされようとも失うものはない。ある意味、やけのやんぱちの気持ちになって大胆に行動する。戦後の焼け野原のなかで日本国民がたくましく行動できたのはそういった理由だ。

世界各地で、EUからの独立や移民排斥を主張する右派勢力の台頭といった政治的不安が続いているのは、現状をこれ以上我慢できず、リスクをとってでも変化を求める人たちが多くなっているということだ。

人間がもつ「損失回避性」、それから生まれる「現状維持バイアス」の人間の行動への影響力は非常に大きい。変化の時代において、変化することへの抵抗が根強いのは、こういった認知バイアスのせいだ。

多くの企業が構造改革をしなくてはいけないとわかっていても、なかなか進まない。経営者自身の現状維持バイアスが働いている場合もあるが、経営者が変革を叫んでも抵抗勢力にはばまれることもある。

問題は、多くの人間から現状維持バイアスが消えたときは、それだけ現状が劣悪だということであり、そのときになって変革をしようとしても、もう手遅れになっていることだ。

脳の自動意思決定装置——ヒューリスティクス

脳は容量に限りがあることから情報を取捨選択して取り入れる。また、負荷を少なくするために、なるべく効率よく情報処理をするよう脳の仕組みはつくられている。それが、認知バイアスの一つの要因だと書いた。そういった仕組みの一環として、脳は「ヒューリスティクス」と呼ばれる情報処理手法を使う。

日常よくある意思決定、たとえばコンビニでの購買決定の際に、選択肢それぞれの長所短所を比較分析して自分に一番利益あるものは？と、「経済人」がするような意思決定方法を使っていては、時間がどれだけあっても足りない。

パソコンでもいくつかのタスクを立て続けに行うとフリーズすることがあるように、脳も処理能力を超える作業を強いられるとパニック状態に陥り機能しなくなってしまう。

そのために、脳は、日常しばしば起こる多くのことがらについて、経験や習慣、常識などによる「簡単、かつ迅速に意思決定できるような法則」にもとづいて意思決定する。

たとえば、先に述べた「安かろう悪かろう」。安いものは品質が悪く、高いものは品質が良いだろうと判断するのはおおよそ適切な判断だ。あるいは、「希少なものは価値が高い」という法則もおおよそ正しい。ショッピングはこういった法則によりヒューリスティックな判断をすれば、選択（意思決定）に費やす時間は最少ですむ。当然、売る側では、これらヒューリスティクスを利用して、「限定１００個だけ」「いまだけの限定販売」といった売り方をすることで、消費者が知覚する商品の価値を高めようとする。

パターン認識で失敗する社長

ヒューリスティックな意思決定では、選択肢それぞれの条件1つひとつを比較する手間をかけることなく、1つの情報、たとえば価格をキューとして意思決定する。だから素早く効率よく判断できる。

人間は長い歴史のなかで、どの情報をキューとしたらおおよそ合っているかを学んできた。ドイツの心理学者のゲルト・ギーゲレンツァー博士は、ヒューリスティクスは「正確ではないけれど、まあ、だいたいどの状況においても使える便利な原則」にもとづいているとし、これを直感や勘といったものと同じと考え、「直感的思考方法は、人間の脳が長い進化の歴史や経験によって得た能力である」と語っている。

「多いほうがお得」というヒューリスティクスのせいで、家電製品で機能数が増えるほど使い勝手が悪いとわかっていても、多いほうが得だと考えて買ってしまう。少ないよりは多いほうがベター、小さいよりは大きいほうがベターと考えるのは、長い進化の歴史というか長い飢餓の歴史を経て獲得した常識である。

「シンプルライフ」や「断捨離の時代」といわれても、なかなか捨てられないのは、いま所有しているものを手放すことに不安を感じる損失回避性、さらには多いほうがお得と感じるヒューリスティクスのせいだ。

ヒューリスティクスな意思決定方法を支えているのはパターン認識という認知プロセスだ。つまり、外部からの情報に接したときに、自分の記憶に似たような例があるかどうか検索する。似た例（パターン）があれば、自分やあるいはそれに関連した人がそのときにどう意思決定し、それがどういった結果を招いたかを思い出す。そして、新しい情報についても同じような意思決定をしようとする。

パターン認識によるヒューリスティクスは「認知プロセスの近道」といわれ、自動的かつ自発的に実行される。意識的な分析ではないので、どうしてその結論に至ったのか自分ではよくわからないこともある。

だから、変化の時代に、パターン認識による意思決定に頼ることは危険も多い。たとえば、会社の創業期に経験を積んで社長になった人が、急成長していたころを思い出し、そのパターンにもとづいて、いまの（一見類似した）情報を評価した場合には、誤った判断につながることもある。

ＡＩもＮＩも中身はブラックボックス

パターン認識という言葉で、ＡＩの深層学習（ディープラーニング）を思い出す人も多いことだろう。グーグルが２０１４年に買収した英国企業「ディープマインド」が開発したAlphaGo（アルファ碁）が、16年から17年にかけて世界的囲碁の棋士２人に立て続けに勝った。

ＡＩが人間の知能を超したとメディアが騒ぎ、それとともに、ニューラルネットの機械学習、なかでもディープラーニングやパターン認識といった言葉もメディアに登場する頻度が高くなった。

ニューラルネットワークによる機械学習は新しいものではない。研究は、１９４０年代ごろから始まっている。人間の脳の中には千数百億個といわれるニューロン（神経細胞）が存在しており、各ニューロンは、多数の他のニューロンから信号を受け取り、また、他の多数のニューロンへ信号を受け渡している。

信号の受け渡しが常に行われる場合、神経同士の結合が強化され神経経路が構築される。脳は、この信号の流れによって様々な情報処理を行っているわけだが、この仕組みをコンピュータ内に実現しようとしたものがニューラルネットワークだ。

ただし、研究が始まった年代にはコンピュータの性能が低すぎた。本格的に運営されるようになったのはコンピュータのパワーが増大した80年代になってからだ。

機械学習（マシーン・ラーニング）とＡＩとは、ほとんど同義語のように使われているが、機械学習はＡＩを実現するためのひとつの考え方であり、ニューラルネットワークは機械学習のアルゴリズムのひとつだ。子供が体験や教科書から学んでいくように、コンピュータがデータから学習していき、その結果を一般化（モデル化）する。

たとえば、不動産の価格を予測したい場合、過去10年とか5年の物件に関するデータ（大きさ、部屋の数、トイレの数、その他詳細なデータ）とその物件の売価を入力して学習させる。学習の結果、ある物件の詳細データを入力すれば、その物件の価格を予測して出力してくれる。これを「教師つき学習」という。ディープラーニングは、従来の機械学習よりも、より多くの神経細胞や神経細胞結合を実現したものだ。たとえばアルファ碁のニューラルネットワークは13層になっている。

人間の認知活動におけるパターン認識をAIで模倣実現することが可能になったのは、以下のような理由からだ。

①コンピュータ・パワーの増大——1990年代半ばから2010年ごろにかけ、並列処理コンピューティングや分散処理コンピューティングの登場により、膨大なデータを従来よりも低コストでかつ迅速に分析できるようになった。
とはいえ、人間の脳は分散並列処理で、1000億のニューロンの1つひとつが1000から1万個のニューロンとつながっている。

そしてfMRI観察すると、脳内の多くのニューロンや神経経路が同時に活性化してタスクを実行している。そのせいで、どの部位がどういった役割をしているのか判断するのが難しい。大規模なニューラルネットワークは、数十あるいは数百の複雑に相互につながっている層に配置された数千の疑似ニューロンをもつとはいえ、人間の脳とはまだまだ次元が違う。
②ビッグデータの登場——膨大なデータで学習できる。その点において、グーグルやフェ

イスブックのような継続的に新しいデータが収集できるビジネスをしている企業は、ＩＢＭのようなビッグデータを収集する仕組みのない企業に対して、ＡＩの研究・育成において大きく優位に立つことができる。

③テクノロジーの進歩――ニューラルネットワークにおいてニューロン（神経細胞）の層や数を増やすことによって深層学習が可能になったことや、機械学習に強化学習を採用するようになったことも重要な進歩だ。

強化学習ではコンピュータがあるタスクを繰り返し実行し、どの決定が最大の報酬（ゲームの場合は勝利）をもたらしたかを記憶する。犬はご褒美がもらえるから芸をする。どの芸がより大きなご褒美をもたらすか学習するため、より難しい芸をマスターする。機械も同じで、どの選択判断が最大の報酬をもたらすかを学習すれば、行動の選択肢と報酬をチェックすることで、自ら意思決定（選択）することができるようになるというわけだ。

世界でトップクラスの棋士に勝ったアルファ碁の学習方法をみると、ＮＩ（人間の脳）に勝つのは当然だろうと思えてくる。まず、プロの棋士が実際に対局した16万件の囲碁データベースからの３０００万種類の手が、アルファ碁のニューラルネットワークに入力され、教師つき学習をする。

その後、アルファ碁は自分とは少し異なるバージョンのニューラルネットワークと繰り返し数百万回の対局をした。その際、アルファ碁は、強化学習手法によって、各対局ごとに自分にとって最大の報酬（勝利）をもたらした手を記憶する。それによって、アルファ碁は自分独自のレパートリーを獲得できるようになった。

この学習の仕方をみても、アルファ碁が人間のプロの名手に勝利を収めることは当然であることがわかるだろう。いくら幼いころから囲碁を打ち、多くの経験を積んでいるといっても（そして、むろん、過去の名勝負の手についても勉強して知識としてもっていても）、16万件の対局のなかの3000万種の手を記憶することはできない。人間の脳はそこまで容量がない。

しかも、アルファ碁は碁に特化したＡＩだ。コンピュータは24時間寝ないでご飯も食べないで学習できる。人間関係や進学、結婚を思い悩むこともない。ただひたすら囲碁だけに専念する。アルファ碁同士で数百万回対局をしたというが、２００万回として、仮に人間が1日10回対局できるとして、１年間毎日対局をしても５００年以上かかる。プロの名手になる条件に、子供のころからの多くの経験があるとしたら、それだけでＡＩに負けてしまう。

ＡＩに負けた囲碁や将棋の名手の多くは、「（ＡＩは）人間が気がつかない手を打つ」とコメントする。あるいは、「囲碁と違う競技をみているようだ」というコメントもあった。これも、対局数の違いで説明できるのではないだろうか。

プロは、過去のプロが打ったパターンを勉強する。それが代々続くのだから、各プロの脳の記憶にあるパターンは、ある程度似通った内容だろう。それほど驚く新手は出てこないはずだ。時々、まったく新しい手が発見されることがあるようだが、その確率を、プロが経験する対局数の０・０１％と仮定してみる。ＡＩは２００万回の対局をするとして、新手考案の確率を０・０１％とすると、２００件の新手・新定跡・新戦法が発見される。先に書いたように、人間が２００万回の対局をこなすには5回以上は生まれ変わらなければならない。

ＡＩとＮＩの違いを長々と書いたが、本当のところはわからない。ニューラルネットワークの欠点は、どうしてそういった結論に至ったかがわからないことにある。人間の脳と同じく、認知プロセスはブラックボックスなのだ。

ニューラルネットワークの深層学習＋強化学習を使って、結果として、ゲームでは人間に勝てるようになったとか、フェイスブックが写真から人間の顔を認識できるようになったとかいっても、中身がブラックボックスでは……。人間の脳の意思決定プロセスが明らかになっていないのと同じではないか。

最近では、AIをリバースエンジニアリングすることで、ブラックボックスを明らかにしようという試みも始まっている。AIが、どうやって、その結論に達したのか、所有者が知らなければ法律問題になる可能性もある。EUが2018年5月に施行した一般データ保護規則に従えば、AIが下した結論について（融資の可否、病状診断、その他）、責任者はユーザーに答えることができなければいけない。

顧問、相談役として遇される無用の人

先に感情による認知バイアスを説明したが、これについてはシャープのことを思い出す。歴代の社長が液晶プロジェクト出身でこの事業への思い入れがある。世界市場で液晶製品の品余りや値下がりが続いていたのに、この事業に集中する会社の戦略を修正できなかった。そのため、工場への投資を継続して負債が増え、結果、会社売却につながったと評された。

感情バイアスに確証バイアスが結びつくと、ことは余計ややこしくなる。自分が推すプロジェクトに可能性があると判断してしまうのは、確証バイアスという認知バイアスが働くからだ。すでに自分の意見や信念は感情的に決まっているので、無意識のうちに、自分の仮説や信念を支持するような意見や情報だけを集め、反対意見や情報は無視する。

「僕はまだ決めていない。反対意見も言ってくれ」と口では言いながら、自分に賛同する意見のほうが正しいと判断する。そして、プロジェクトを支持する新聞記事や調査報告書に、より大きな注意を払う。

企業のガバナンスに関して最近問題になっているのが顧問や相談役の存在だ。自分を社長にまで引き上げてくれた先輩へのしがらみがあり、退く年齢になっても相談役や顧問という名称で雇用し続ける。しがらみも感情のひとつだ。なぜなら、論理的に考えたらもう必要ない人たちにも給与を払い部屋まで提供するのは、結局は、義理と人情のせいだ。あるいは、自分の代で前例を破りたくないという現状維持バイアスだ。

リスクを恐れる損失回避性やそこから生まれる現状維持バイアスも、感情バイアスの1つとみなすことができる。

感情によって認知バイアスが生まれるのは、「振り込め詐欺」に遭う高齢者だけではない。どんなに理性的な人でも感情的になってしまう側面はある。

先述したように、ベルヌーイの父親は数学や物理学で功績を遺した科学者であったが、なぜか、自分の息子への嫉妬心はひどかった。息子が科学者として自分よりも高い評判を得ることへのやっかみは想像を絶するものがあった。他人だったら、まだ許せる。だが、わが子が自分を超えることは許せなかった。複雑な感情だ。

大塚家具のお家騒動と人間の本能的感情

そこで思い出すのが大塚家具の父娘のお家騒動だ。

大塚家具創業者の大塚勝久氏は、長男よりも一橋大学出身の長女である久美子氏のほうが経営者に向いていると考え後継者と決めた。

久美子氏は1994年に入社して2009年に社長に就任、勝久氏は会長となった。業績が順調ならば問題は起こらなかったかもしれない。だが、住宅需要の低迷、そして低価格路線をいくニトリや、斬新な家具の売り方をする北欧家具イケアの進出などにより、日本の家具市場は2000年頃から変貌した。高級家具で有名な大塚家具の業績を振り返ってみると、売上は07年をピークとしてその後下落している。だが、実際には、すでに01年に問題は数字になって表れていた。

大塚家具のかつての成功の要因は、独特の接客スタイルにある。店舗入り口で氏名・住所を書かせ会員登録をさせたうえで、販売店員がつきっきりで会話をしながら店内を回る方式だ。結婚前、あるいは新築前にまとめて高級家具を買いたい顧客はパーソナルなサービスに満足したかもしれない。

だが、新築戸数が減り結婚への考え方も変わるなか、まとめ買いする消費者が減り、店舗での受付登録件数は、01年をピークにして減少していた。

しかし、店舗の全国展開を積極的に進めていたために、既存店売上は下がっても新規店からの売上が入ってきたり、都心部での高層マンションブームなどがあったため、従来のビジネスモデルが効果を発揮しなくなっていたことに気づくのが遅くなったという。売上の細かい分析がなされていなかったのだろう。

企業が組織内部に抱える問題は、好業績のときは出てこない。悪くなったときに、パンドラの箱が開くように、溜め込まれてきたあらゆる問題が一気に飛び出てくる。

変化する市場にどう対処すべきかという戦略の違いにより、父娘が対立するようになった。

久美子氏は、１人でも気楽に入りやすいオープンな販売方法にして、価格もある程度安いものを売っていくことを選択した。父親も最初はこの方向性を認めていたらしい。

だが、「父はなぜ、娘を敵視するのか?」という記事（「日経トップリーダー」）には、「自分の腹心として働いた幹部たちが（先頭に立って改革を進める）娘に付き従う姿を見るうちに創業者として複雑な思いが増していったようだ」とある。久美子社長に対する嫉妬に近い感情があったのではないかと記事は推測している。

あるいは、父親は自分の過去を否定されたような気がしたのかもしれない。自分は、桐たんす職人だった父の工房を売上７００億円超の会社にした。その実績に対して娘がそれだけの敬意を表していない。それどころか、あなたのやり方はもう古いとバカにしているのではないかと感じたのかもしれない。

勝久氏の妻であり久美子氏の母親である千代子氏は、大塚一族の資産会社の資産をめぐる裁判において、「（娘は）父親を父親として、会長を会長として扱っていない。自宅でも会社でも同じ。（そうした扱いは）ずっと前からだ」と証言している。

いずれにしても、２０１４年３月の株主総会では、久美子氏と母親が激しく口論する場面が他の株主に目撃されており、同年７月に久美子氏が取締役会で解任されたことから争いが公になった。

その後の両者の争いはメディアでも報道されたとおり。15年の株主総会で、委任状争奪戦に敗れた父親は退任、久美子氏の社長続投が決められた。勝久氏は自分の株を売った資金で、新しい会社「匠大塚」を16年４月に立ち上げる。自らが信じる従来の大塚家具の路線を実践しているようだが、業績は非上場なのでわからない。久美子氏も新しい路線を実践しているが、17年12月期では過去最大の赤字を出した。

第三者として冷静な目で見れば、少子化が進み国内市場が縮小するなか、１つのブランドでは成長どころか、従来の売上維持すらできない。高級路線の店舗と、新しいカジュアルな店舗と、２つのブランドそれぞれの個性を生かすほうが合理的にみえる。それぞれの対象ターゲット市場は小さいとしても、売上を合計すればグループ全体として、売上を維持していける可能性はある。喧嘩別れなどしないで理性的に話し合い、それぞれが主張するブランドを個性豊かに健全な競争心をもって経営していくほうがよい。

会社の命運がかかっているのだから、「感情的になっている場合か！」と言いたいところだが、それが人間というものだ。ベルヌーイの父親に、「息子と一緒になって共同研究すれば歴史に残る成果が出ますよ」と説得したら納得してくれただろうか。

太古の昔からある本能的感情にさからうことは難しい。地球上の人間すべてに共通する損失回避性も恐怖の感情から生まれている。本能的感情には、論理的思考をする脳の部位に大きな影響を与える力がある。

誰も知らない「感情」の真の役割

感情の本来の役割を誤解している人が多い。私たちが知っている感情は意識できる感情だ。本能的感情は、大脳辺縁系という進化的には古い脳から生まれる。そして、大脳辺縁系で生まれる感情は、身体の外部刺激への複雑な反応とみなしたほうがわかりやすい。

心拍数が急増し、顔が蒼白になり、手に汗をかくのは、何か恐ろしいものを見たときの肉体的反応であり、そういった反応が起こったことが大脳新皮質に伝わって初めて、それが恐怖として意識される。心理学や神経科学では身体的反応は情動（emotion）と呼ばれ、意識できる感情（feeling）と区別することもある。

大脳辺縁系は1億～1億5000年前に地球上に登場した、私たちの遠い祖先となる小さな哺乳類の脳だ。200万年ほど前、その辺縁系を覆うようにして、大脳新皮質が急激に成長。現在、脳の体積のうち、新皮質が占める割合は、哺乳類で30～40％、原始的な猿で50％、人間では80％を占める。新皮質の発達によって知的活動が可能となる。とくに、おでこの後ろにあたる前頭葉にある前頭前野は認知活動の中枢となっている。

大脳辺縁系と大脳新皮質は互いに情報の交換を常にしている。だから単純に、新皮質の理性と辺縁系の感情というふうに2つに割り切れるわけではない。基本的に、理性と感情が協力しあって初めて意思決定がなされる。だが多くの科学者は、迷いがあれば、必ずといっていいほど感情が勝つと断言する。

その根拠は、ポルトガルの神経学者アントニオ・ダマシオの体験にある。ダマシオは、脳腫瘍で前頭葉の眼窩前頭皮質を切除した患者が、IQ（知能指数）、記憶、学習、言語等においてなんら問題がなかったのに意思決定ができない、簡単な食事のメニューさえ決められないことに気がついた。

そこで、脳の疾患などで大脳辺縁系からの情報を取り込む役割を果たす眼窩前頭皮質の手術をした患者50人余のケースを調べた結果、理性と感情が協力し合わなければ何ひとつ決められない、そして意思決定においてはどちらかというと感情が優位にあると結論づけた。

理性と感情が協力し合って意思決定がなされるというのは、どういうことなのだろうか。それについて述べる前に説明しなくてはいけないことがある。

大脳辺縁系が生む無意識の感情（情動）は、生きて繁殖していくために必要な感情だ。たとえば、恐怖の感情は、自分たちに襲いかかろうとする猛獣を目にしたとき、危険を察知して逃げるため、あるいは、死にもの狂いで戦うために必要なアドレナリンが体中をめぐるように脳の一部から必要な化学物質を放出する。それが、恐怖という感情の役割なのだ。

あるいは、生きるための食べ物を獲得するため、あるいは繁殖するための交配を可能にするために、報酬系が活性化しドーパミンが放出される。それが新皮質に伝達されると快感、喜び、至福感として感じられる。人間は、再度この快感を得たいがために、食べ物や異性を獲得すべく動機づけられるのだ。

本能的感情（情動）の役割は行動を促したり促さなかったりすることにある。「行け・行くな」「行動を起こせ・行動を起こすな」、イエスかノーかなのだ。

本能的感情がなければ、行動は起こせない

論理的に考えることで結論が出ることもある。だが、どんなに論理的に考えても結論が出ないことがある。つまり、可能な選択肢からどれを選ぶか決められないことがある。

たとえば、第1章の例のように、「会社を存続させるために、異業種に進出するのか？」という問いかけに、異業種進出による売上予測や成功率、その他、数字化できるものならAIで計算できるだろう。

だが、「そもそも異業種に進出する必要があるのか？」「会社規模を縮小して本来の仕事を継続するほうが企業文化を守るうえでも正しいのではないだろうか？」「異業種に進出することで、既存事業で働いていた従業員がやる気を失う可能性はないだろうか？」といった問題は、論理的に熟考しても、なかなか結論に至ることはできない。

そのとき、背中をドンと押してくれるのが本能的感情だ。「もう十分考えただろう。あと

は行動するのみ」と答えを出してくれる。これを直感や勘と呼ぶ人もいるだろう。

サントリー創業者の鳥井信治郎が、部下の背中を押すように口にしたという「やってみなはれ」。出光興産創業者の出光佐三をモデルにしたという映画「海賊とよばれた男」で、主人公が大きな決断をするときに自分に言い聞かせるように口にした言葉「いっちょやってやろうやないか」。いずれの台詞も理性から発せられた言葉ではない。「行動しろ」と情動が叫んでいるのだ。最後は本能的感情が決めるのだ。

SFドラマ「スター・トレック」のバルカン人のミスター・スポックは感情を嫌い理性を重んじ、どんなときでも論理的に考える。感情的かつ衝動的になりがちな地球人のカーク艦長を、「艦長、それは非論理的ですね」とたしなめるのが口癖だ。

だが、スポックは率先して選択して行動を起こすことはない。結局は、カーク艦長が愛や信念、プライドといった感情に押されるようにして無謀だけれど勇気ある行動をとる。ドラマでは、そういった感情に押された行動は必ず成功してハッピーエンドで終わる。現実社会ではそううまくはいかないだろうけれど……。

本能的感情がなければ行動は起こせない。とはいえ、それは、論理的に考えるなというわけではない。論理的に分析し尽くしたうえで、最後は、勇気を出して感情の声に従うべきだ。カーク艦長とスポックは2人で協力し合って初めて宇宙での任務を遂行できた。

行動経済学の論文を読むまでもなく、私たちは、自分たちの意思決定が多くの場合、不合理であることに気づいていたはずだ。

それなのに、なぜ高等教育を受けたエリートである経営者が、同じような判断ミスを続けるのか。なぜ自分だけには認知バイアスはないと確信できるのか。

最近話題になる日本企業の問題の原因は、ほとんどがトップ経営者のお粗末さにある。その会社で働いていた何万人、あるいは何十万人の従業員が憐れに思えてくるほどだ。トップ経営者が自分自身の意思決定プロセスを分析し、自分がなんらかの認知バイアスに陥っているのではないかと自問自答していたら、もう少し異なる結果になっていたはずだ。

不合理な判断をするのは「一般庶民」だけではない。自らの知能に自信がある人は、自分に認知バイアスがあるなどとは思いもしない。自他ともにエリートとみなされる人こそ謙虚に自己分析をする必要がある。

第6章 大企業が機能しない神経学的理由

理性の時代から感情の時代へ

１９３９年から１９４５年まで続いた第二次世界大戦後の世界は「理性の時代」だといえる。欧米や日本など先進国と呼ばれる国が経済的成長を持続し、政治的にも安定していた。経済成長を多くの国民が享受するときには、「理性の価値」が重んじられるし、理性を保つことも比較的簡単にできる。つまり大半の人々がそれほど差がなく、ある程度余裕のある暮らしをしていれば、人間は理性を大切だと考え、それを維持できるのだ。

国際連合やＥＵ（欧州連合）といった、多種多様な考えを背景にし、利害も異なる国々が世界規模での利得の最適化を目標に協力しあうという、理性がなければ誕生しそうもない集合体が機能したのは、まさに安定した時代が長く続いたからだ。そして、いま、こういった理性の産物の弱体化、あるいは崩壊が起こっている。

戦後生まれの多くの日本人は、自分が育った安定した社会を当たり前のように思い、変化の激しい昨今を不安な思いで過ごしているかもしれない。だが実際には、人間の歴史において、現在のような不確実な時代が当たり前で（ノーマルで）、戦後の60年間のほうが稀でアブノーマルな時代だったといえるだろう。

未来はより良くなると思い込んで育った世代は、ホモ・サピエンスは理性的であらねばならないと考え育った世代でもある。理性的であることが先進国の、そして知識人の証《あかし》であると考えている。

だが、時代は変わった。最近は、エリートの象徴であるべき米国の大統領ですら感情的なコメントを公言する。そして、歴史に培われた理性という面では、他の国々から一目置かれている欧州においてですら、人種差別をしてはいけないという建前（建前は理性の産物だ）を取り払うことを恥ずかしいと感じない人たちが急増している。

認知心理学者のスティーブン・ピンカーが『暴力の人類史』という大著を書いている。書名に「人類」とあるように、日本で2013年に殺人事件が戦後初めて1000件を下回り、その後も減少傾向にある、といったようなローカルで短期的な話をしているわけではない。

人類の親戚である霊長類、なかでも600万年前に人類とは進化の枝分かれをしたチンパンジーの攻撃性を調べ、人類にもDNA的に攻撃性があるかどうかを議論するところから始まっている。野生のチンパンジーはかなり狡猾に、つまり自分たちが勝利を収める状況を選んで、他の群れのオスを襲い、残虐な方法で殺すことが観察されている。暴力によって縄張りを拡大し、食料を増やし、また敵のメスを略奪して繁殖率を高める。

観察者によると、野生のチンパンジーは相手との間に少なくとも3対1以上の数の差がある状況を選んで暴力に訴えるらしい。リスクを最小限にして自分たちの利得を獲得しようという、まさに合理的経済人の見本のような行動（選択）をしている。

ＤＮＡ的に人類に最も近いチンパンジーに攻撃性があるのなら、人間にもその素地はあるということだ。現生人類の歴史が20万年として、その95％を占める長い狩猟採集生活のなかで、食糧や女性を求めて他のグループと戦うことはたびたびあっただろう。

それでも暴力は、５０００年前ごろから確実に減ったらしい。発掘された人骨の損傷を調べれば、殺されて死んだ人の割合はある程度わかる。この種の調査によって、人類の歴史の大半を占める狩猟採集生活を基盤とする社会から農耕社会に移るプロセスにおいて、暴力によって死ぬ人の割合が5分の1くらいは減ったのではないかと推定している。

人類は、1万年ほど前に始まったとされる農耕生活で一定の場所に住まいを定めるようになる。以前よりは安定した食糧事情により定住者の数も増える。集団秩序を維持するために、全メンバーが守るべきルールが定められる。こうしたプロセスを経て、5000年前ごろには都市や国家という統治機構が形作られるようになった。

都市や国家のルールが成立したことで、暴力によって物事を解決することが少なくなってきたということだ。

それでも、ピンカーの大著のページの多くは、その後の5000年間において行われていた残虐な処刑方法や拷問、あるいは子殺し、子供や動物への虐待がいかに非人道的かを明らかにする具体的説明であふれている。残忍で執拗な暴力に関する描写は、映画ならR18に指定されるべき内容で、読むだけで嫌悪感が湧き、気分が悪くなる。

だが、私たち現代人の大半が、昔の処刑や拷問方法の描写で気分が悪くなるとしても、当時は、公開処刑をみて興奮し拍手喝采する民衆が数多くいた。この事実だけでも、人間が暴力的行為に嫌悪感を抱くようになったのが、つい最近のことだと実感できる。

道徳は善でも徳でもない

スティーブン・ピンカーは人類の歴史を通じて暴力が減ってきている理由を4つ挙げる。①衝動から生まれる行動の結果を予期して、自分の衝動を抑制しようとする自制（セルフコントロール）の発達、②道徳心の発達、③理性の発達、④共感性の発達だ。

衝動とは、大脳辺縁系から生まれる怒りや恐怖といった無意識の感情や性欲、食欲といった欲望だ。セルフコントロールは、大脳辺縁系とそこから生まれる衝動を抑制しようとする前頭葉との葛藤だ。

前頭葉は人間で最も発達し、脳の3分の1を占める。大脳辺縁系は思春期に急激に発達するが、前頭葉のなかでも前頭前野（前頭前皮質）という高次の認知活動をする部位はそれより遅れて、20代になっても発達し続けていることが明らかになっている。

十代の若者がキレやすく、場合によって暴力をふるうのは、未熟な前頭前野が大脳辺縁系を抑える力がないからだ。そして、また最近、話題になっている高齢者がキレるという現象は、年齢のせいで前頭前野の力が衰えているからだと言える。

生まれてから大人になるまでの環境が、理性の源である前頭前野の十分な発達に影響を与えるように、我々の祖先も、統治機構が誕生し、様々なルールができ、文明化が進むことにより、理性が徐々に衝動をコントロールできるようになってきたと考えられる。

ピンカーは、道徳心の発達も暴力沙汰を減らした理由のひとつに挙げている。といっても、必ずしも人類がより善い人間性をもつようになったわけではない。道徳を守るということは、社会・文化における人間相互の関係を統制する規範やタブーを順守することだ。

多少、窮屈ではあっても、こうしたルールを社会の構成員全員が守ることで喧嘩の防止、暴力の減少につながる。つまり、まとまりある人間関係を保っていくには、これをしてはいけませんというルールをつくり、それを守ることが必要なのだ。

世界三大宗教である仏教、キリスト教、イスラム教の戒律をみると、共通している項目は、①殺してはいけない、②不道徳な肉体関係をもってはいけない、③盗んではいけない、④ウソをついてはいけない、ということだ。

こうしたルールが成立した背景には、自分が餓死しそうになれば、他人の食料を盗み、それをとがめられれば暴力に訴えて、相手を殺してでも奪い取る——といったことがごくあたり前に行われていたことがある。

とはいえ、道徳やタブー、社会のルールは絶対的なものではない。「道徳とは善」であり、人間として守るべきこととみなされる傾向があるが、実際には、時代とともに変化する。

たとえば、現在はその権利が広く認められるべきものと認識されるLGBTについても、一昔前までは社会規範に反するとされていた。

かつて英国において同性愛は犯罪とされ、『サロメ』や『ドリアン・グレイの肖像』で有名な作家オスカー・ワイルドは1895年に同性愛の罪に問われて2年の懲役刑を受けている。その100年前の英国では、同性愛者というだけで処刑されることもあったのだ。

理性的であることに疲弊する現代人

どの時代どの社会においても重要視される社会規範（ルール）の一つに公平性がある。どの時代、どの社会においても、人間の怒りや嫌悪感を呼ぶのは、自分が不公平に取り扱われたと感じることだ。

ここで「人間」と書いたが、サルも不公平に取り扱われると怒ることが実験で証明されている。科学者が野生の群れのサルにキュウリを与えたところ、みな喜んで食べ始めた。だが、1頭だけにブドウを与えたところ、他のサルはキュウリを食べるのをやめた。怒って自分のキュウリを科学者に投げ返すサルもいたそうだ。

サルや人間を含めて社会的動物は価値を相対的に認知する動物だから、自分（あるいは自分たち）が、他のメンバーに比べて公平に扱われているかどうかを常に気にする。そして、公平か不公平かは、経済的レベルで比較されることが圧倒的に多い。

宗教や民族の違いによって紛争が起こるとされていても、実際には、宗教の違いや民族の違いによって「経済的レベル」が大きく違うことが紛争を引き起こしているのだ。

世界の先進国でポピュリズムが蔓延している理由として、経済格差が進み不公平感を募らせている社会のメンバーが多くなっていることが挙げられる。だが、もうひとつ理由がある。人類が、進化の歴史をとおしてずっと抱えてきた心の葛藤を垣間見ることができる理由なので紹介しよう。

先に述べたように、スティーブン・ピンカーは、人類の間で暴力が減ってきた理由として、「社会・文化における人間相互の関係を規定する規範やタブーを正当と認める」、つまり順守することにあると指摘した。が、すぐに次のような内容も付け加えている。

「社会のルールを守ることは、暴力を減らすことに通常役立っているが、ときに、こういった規範やタブーを守ることへの反抗が暴力を増やす結果にもなる」

米国の高等教育を受けた知識人にも、隠れトランプファンがいて、彼らは「政治的に正しいこと（politically correctness）に縛られるのに疲れた」と口にする。

男女平等だけでなく、マイノリティーを差別してはいけない、この言葉を使ってはいけない、こんな行動をとってはいけない……社会の規範やタブーが増え続け、これらを守るための理性を常に必要とする社会環境に疲れたというのだ。本能的感情を理性で抑制させ続けることに疲弊したのだ。エリート層の一部が、理性の真逆にあるようなトランプ候補の主張を支持したのは、よくいうところの「ガス抜き」現象だ。これをポピュリズム台頭の一つの理由に挙げることができる。

人間は、常に守らなくてはいけないルールやタブーがあまりに多くなると、精神的に疲れるのだ。

日本のメディア、とくにテレビやラジオなどに登場するコメンテーターは学歴、職歴からいって知識人の代表といえる。そして彼らの意見は、建前中心で本音がない。規制があって、「政治的に正しいこと」しか口にできないことはわかる。だが建前に嫌気がさした視聴者はネットにアクセスする。事実にもとづかないネット上のコメントでも、少なくとも本音が語られていると実感できるからだ。

理性にではなく、そういった本能的感情にアピールすることによって、ポピュリズムは広がる。

英国のEU離脱にしろ、アメリカ大統領選にしろ、理性に訴えるスピーチは、感情に訴えるスピーチの前には力を発揮できなかった。

他人を説得する技術を考える弁論術を確立した古代ギリシアの哲学者アリストテレスは、論理的に話す重要性を指摘している。が、同様に、相手の感情に訴えることの重要性も説いている。

いわゆるエリート層は、ポピュリズムの風潮を批判する前に、なぜ自分たちが、他人を説得するにおいて、こうも無力なのかを考えてみるべきだろう。

知識、記憶、学習、思考を含む認知活動は高度なデータ処理システムであり、認知プロセスだけでは行動を起こすこと（つまり意思決定をすること）はできない。

認知は行動を起こすためにつくられた脳の機能ではない。感情と一緒にならなければ、どんな簡単な意思決定もできない（行動を起こすこともできない）。無意識の感情は行動に直結するが理性は違う。

だからこそ、英国のＥＵ離脱にしても、感情に動かされてＹＥＳの投票をしたものの、一夜明けて後悔する人が多かった、という結果になるのだ。

第二次大戦後に成立した世界的規模での仕組み（たとえば、国連とかＥＵ）は、理性の産物である。これらも、大戦後、「もうこんな悲劇はたくさんだ」と多くの人間が抱いた感情に押されたからこそ、形として出来上がったのだ。

世界のエリート層は、「人間の感情」を、理性に反する動物的側面、あるいは隠すべき側面とみなしたことによって、手痛いしっぺ返しを受けている。

私たちは、スター・トレックのミスター・スポックのように「感情を完全に抑制」することはできない。また、仮に感情を完全に抑制したら、私たちは、ただ議論するだけで実行できない動物になってしまう。

あらゆる社会システム（制度、体系、体制）は、人間を理性の動物とみなしているだけでは必ず失敗する。法律や組織、その他あらゆる社会機構は、理性と感情両方をあわせもった動物が利用するものとしてつくられなければいけない。

会社という組織を経営するにあたっても、人間の理性だけを考慮してルールやシステムをつくっても効果は期待できない。人間の感情を無視してつくられたルールやシステムが力を発揮することはないだろう。

平等だった年功序列制度

会社という組織においても「自分は公平に扱われている」と従業員が感じているかは非常に重要だ。

従来の年功序列制度に代わって、少し前から成果主義が広がった。日本経済新聞社とNTTコム リサーチが2015年に発表した調査によると、自社の人事評価制度に不満をもっている従業員が4割いた。

不満の理由は、「評価基準が明確に示されていない」「評価者の好き嫌いで評価される」など。直属の上司が評価を決めていて、上司との相性が評価を左右することに不公平感があるようだ。

以前の年功序列制度は、勤続年数や年齢によって昇進や昇給が決まり、誰にとっても平等だった。だが成果主義は、評価する側、される側の主観が入る。しかも評価される側は、常に誰かと比べて自分はきちんと評価されているかを考える。メンバー全員に公平感をもたせることは非常に難しい。

最近では女性に働き続けてもらうために、育児休業制度や短時間勤務など子育て中の女性に配慮した勤務制度の採用が進んでいる。ところが、これに対して、独身女性や男性社員が「ワーキングマザー向けの制度で、そのしわ寄せを受けるのは我慢できない」と不公平感を募らせる。

人手不足の職場において、不在の同僚の仕事の補完をする同僚は、男だから、独身だから、あるいは小さな子供がいないからということで自分たちが不公平に取り扱われているのではないかと感じているのだ。

公平・不公平の感情は、親しい、身近な人間関係のなかで生じる。18世紀の英国の哲学者デイヴィッド・ヒュームも、「嫉妬を生むものは、自他のあいだの大きな不均衡ではなく、むしろ近似だ」と書いている。妬みや怒りは身近な人との比較によって生まれるものなのだ。

資生堂は国内だけで2万人の女性従業員を抱える。1990年度に育児休業制度を導入して以来、子供が3歳になるまで通算5年間の休職を認めるほか、短時間勤務制度などをフル活用すれば約10年間フルタイム勤務をしなくてもすむ。まさに「女性に優しい会社」づくりをしてきた。

だが、2008年に短時間勤務制度を小学校3年まで延長したことで、制度の充実化には区切りをつけた。他の従業員の不公平感が増してきたからだ。

同じような問題を抱える企業は増えており、その対策として、制度を利用する社員に対し、「同僚への気遣い、感謝の気持ち」などをきちんとコミュニケーションするよう促している。職場での対話を密にするよう働きかけているようだ。

従業員同士の感情的交流がなければ、ルール（制度）はうまく機能しない。

内部統制で不祥事は防げるのか

2015年に発覚した不正会計から始まった「東芝問題」。そして、資格をもたない社員が完成車の審査をしていた日産自動車、神戸製鋼や東レの子会社による品質検査データの改竄。2017年には、日本の製造業における相次ぐ不祥事が話題となった。

問題の原因は各社によって異なるだろう。東芝の場合は、3代にわたる社長のずさんとしか形容のしようがない経営がある。『東芝の悲劇』（幻冬舎）という書籍のオビには、「虚栄。嫉妬。粉飾。責任逃れ。社員20万人を擁する名門企業の、かくも無様なトップたち」と書かれている。

第1章で書いたように、企業の存続を願うのは、多くの場合、トップ経営者の欲望だ。自分の名誉・評判を高めたいという欲望もあれば、誰かを見返したい、あいつだけには負けたくないといった欲望もあるだろう。その欲望が会社の存続につながることもあるが、東芝のように統治不全をもたらすこともある。

「日本のものづくり」の信用を失墜させたとされるデータ改竄の不祥事は、子会社など本社から離れた工場で発生していることが多い。原因は、日本企業の内部統制の不備にあるとする論評が目立った。内部統制とは、金融庁による定義では、「基本的に、業務の有効性及び効率性、財務報告の信頼性、事業活動に関わる法令等の遵守並びに資産の保全の4つの目的が達成されているとの合理的な保証を得るために……」とあるが、役所の文章はすんなり頭に入ってこない。

「内部統制」をキーワードにしてグーグル検索し、ウイキペディアに次いで出てきた「内部統制入門（SFJソリューションズ）」を引用させてもらうと、「会社の目的である経営目標を達成するために、同じ会社で仕事をする社員全員が守らなければならないルールや仕組みのことをいいます。……それは、経営理念や企業風土といった会社組織全体に関係するものから、書類の承認・決裁に関する取り決めのような日常業務のルールまで、会社内で行われる業務のほとんどに組み込まれています」となる。

つまり、国家という統治機構ができるときに構成員である国民にとって経済的にも精神的にも安心できる秩序ある社会を実現するために、道徳やタブーを含めたルールづくりをしたように、会社組織でも従業員全員が守るべきルールをつくるということだ。

ルールをつくっても守られなければいけない。徹底させるには、組織を監視、または監査し、ルール違反を見つけたら処罰する体制が必要だ。内部統制の強化とは、組織内にいる人間にとって守らなければいけない規則が多くなるということだし、それを監査する体制も厳しくなるということだ。

大企業病をもたらす、「大きな群れ」のルール

英国の人類学者ロビン・ダンバーは、「社会的な動物は絶えず2つの力の間で平衡を保ってきた」と書いている。人間で言えば、2本足で草原を歩くようになってからは捕食者への恐れから群れをつくる必要に迫られた。

だが、群れで共同生活をするには守らなければいけない多くのルールがある。木の上で、家族という小グループで気ままに暮らしていたころとは違う。チンパンジーですら義理を守る。互いにシラミを取り合う相手が、誰かとケンカして助けを求めるときは助けるが、毛づくろいしてやっても、そのお返しをしてくれないやつは無視する。貸し借りゼロにする義理も群れのルールのひとつだ。

現代の人間社会にも、こういったルールが苦手なメンバーは必ずいる。そして、自由が制限されることへのストレスから群れ（グループ、組織）を離れたいと願う。ここに葛藤が生まれる。群れの内にとどまることは安全・安心を確保し、群れを離れることは危険を意味する。場合によって死につながることがある。

リスクをとって自由を選択するか（群れから離れようとする遠心力）、あるいは安心・安定をとって束縛によるストレスを我慢するか（群れに帰属しようとする求心力）。

人間は時代が変わっても、常に、この2つの力関係に悩んできた。

小さな群れのころに比べ、大きな群れ（大規模組織、グローバル化）は、自分がルールを守ることからくる利得が具体的でない。しかも、ルールが多くなりすぎている。自分の自由がルールで締め付けられている割には、自分が得る利得が見えない状態なのだ。

1960年代初め、東芝は一度経営が悪化している。会長と社長の対立による派閥抗争が原因だったそうだが、混乱を終止するために石川島播磨重工業（現ＩＨＩ）の会長だった土光敏夫が招かれた。土光はすでに経営危機に見舞われた石川島播磨の再建に成功しており、その腕を買われて呼ばれたわけだが、その土光ですら「石川島播磨重工業の3倍もある大所帯だから病根を探すのがたいへんだ」と語っている。大規模組織を運営していくのは大変なのだ。

大規模組織は官僚的組織になりやすい。それは、働く人間の自由を規制するルールが多くなる結果として、働く人間の自由闊達な思考や活動を阻害する傾向が強いからだ。ルールが多くなると、前例を守り、事なかれ主義を貫くほうが余分なストレスがかからない。現状維持バイアスが出やすいというか、変化を求めないほうが生息しやすい組織環境になってくる。

社員150人説を信奉するハイテック企業

先ほど紹介したロビン・ダンバーという人類学者は、人間が安定的な社会関係を維持できるとされる群れ（グループ）の認知的な上限は150人であるという説を1992年に発表している。認知的上限とは、人間の脳の能力にとって、自然でストレスを感じることが少ない規模のグループは150人くらいだということだ。

彼は、霊長類の大脳新皮質と平均的な群れの大きさとの間に相関関係があることに気がつき、38種類の霊長類の脳の大きさに占める大脳新皮質の割合と平均的グループ規模とから回帰方程式を作成。そして、平均的な人間の新皮質の割合から、人間が円滑に安定して維持できる関係は148人（四捨五入して150人）だと推定した。

そして、150という「ダンバー数」を超えると、グループの団結と安定を維持するためには、より拘束性のある規則や法規や強制的なノルマが必要になると考えられている。92年に発表された説だが、最近、多くの海外メディアで取り上げられている。シリコンバレー系のハイテック企業の多くが、急成長して従業員数が増大。それとともに組織が官僚的になるのを懸念しているからだ。

たとえば、フェイスブックのCEOの右腕ともいわれるクリス・コックスは「2005年にフェイスブックに入社したときには社員は100人より少なかった……他のベンチャー企業のCEOとも話すことだが、150人という数を超えると、奇妙なことが起こり始める。コミュニケーションや意思決定のためにより多くの組織上の仕組みを必要とするようになる」と言っている。

動画配信サービスで契約者数が世界で1億人を超えているネットフリックスの元人事担当者も、同社に入社した98年（当時、社員は30人しかいなかった）を振り返って、「(150人を超したら）リーダーは、自分たちはどこに向かっているのか、何をしようとしているのか、あるいは何をしないのかを、定期的に明確にする必要が出てくる」と、企業の戦略、規範、価値を従業員に浸透させることが難しくなると語っている。

150人を超すと規律や規則に基づく経営システムが必要になるというのが、急成長しているハイテック企業の経営者の実感のようだ。

だが彼らは、また、規則を採用するとして、組織が官僚的になり、いわゆる大企業病にかかることも恐れている。アマゾンのジェフ・ベゾスCEOは、大規模組織の問題点のなかでも、意思決定に時間がかかることを最悪だと考えているようだ。2017年度の株主への手紙のなかで「大企業でも優れた決定はできる。だが、時間をかけすぎる」と書いている。

「世界観」と「共感」、そして官僚的組織

組織が大きくなっても小さな企業だったときのようにリスクをとることを恐れず素早い意思決定をし、スタートアップしたころの昂揚感をもち続けるにはどうしたらよいか。内部統制、ガバナンス、その他の多くのルールに従いながらも、融通性ある行動的な組織であり続

けるためにはどうしたらよいか——。経営者なら誰もが悩む問題だろう。こういった問題を考えるためにも、いまの社会の心理を分析することは必要だ。

すでに書いたように、感情が理性よりも優位に立つことを恥ずかしいと思わない人たちが増えている。そういった現象を一部の知識人が苦々しく思ったとしても、知識人には行動力がないことを見越した人たちは、彼らの意見には耳を傾けない。

そういった状況では、エビデンス（事実）よりもエピソード（ストーリー）が影響力をもつ。なぜなら、ストーリーのほうが感情に訴えることができるからだ。客観的事実よりも感情的訴えかけのほうが、世論形成に大きく影響する「ポスト真実の時代」には、行動経済学でいうところのフレーミング（考え方の枠組み）を変える力をもつ人間が他の人間の行動を促すことに成功する。

政治家が感情に訴えることができ、フレーミングを変える力をもつコミュニケーションを駆使すると、メディアやコメンテーターは「劇場型」などと批判する。それなら、論理的かつ理性的に話すことはできても、人心に訴える能力が低く、影響力がまったくない政治家のほうがよいのか。そうではないだろう。弁論術の始祖アリストテレスが書いたように、他人を説得するには感情と理性の両方に訴える能力が必要なのだ。

ここで、「共感」と「世界観」という言葉を紹介したい。どちらも、最近よく使われる言葉だ。だが、ここで強調したい「共感」や「世界観」は、通常の内容とは少し異なっている。

共感（Empathy）は複雑な概念で、状況によって異なる意味や方向性をもつ。

歴史をたどると、18世紀半ばに、他者の気持ちを推し量り（思いやり）、同様の感情によって自身の心も揺り動かされる現象として、シンパシー（Sympathy）という概念が英国の哲学者ヒュームやアダム・スミスによって紹介されている。いまでも、このシンパシーという概念で共感という言葉を使っている例は多い。

たとえば、スティーブン・ピンカーが人類の歴史をとおして暴力が少なくなってきた理由のひとつに共感性の発達を挙げているのは、相手の身になって考える能力が発達したためとするが、これなどはシンパシーに近い。

相手の立場や状況を、自分自身がその状況にあるかのように想像できる共感性は母性愛から進化したと考えられている。母親が生まれたばかりの赤ん坊を抱くと、オキシトシンという化学物質が脳内に放出され、母親はなんともいえない安らぎと無償の愛情を感じるようになる。オキシトシンは愛情ホルモンとか共感ホルモンとも呼ばれる。ドイツの実験では、オキシトシン点鼻薬を投与すると、難民への寄付金額が74％多くなることが報告されている。

共感には、シンパシーとは微妙に異なる意味合いもある。もともと、エンパシー（Empanthy）という言葉は、ドイツの心理学者が使った Einfühlung（自分とは違う対象のなかに自分の内面的行動の一定の仕方を感じる）を英語に翻訳したものだ。Einfühlung は日本語では感情移入と訳されている。「世界観」という言葉との関連で重要となるのは、この意味での共感だ。

トランプ大統領の「世界観」に熱狂する人々

米国大統領選後に、敗れたヒラリー陣営は「トランプを支持した『忘れられた人たち』に共感すべきだった」と言われた。この「共感」は、相手の立場で考えるべきだったということでシンパシーに近い。

だが、「トランプ大統領は『忘れられた人たち』の共感を呼ぶことに成功した」という場合は、トランプが選挙民に共感しているわけではない。そうではなくて、選挙民に「彼は私のように考える」と思わせるのに成功したという意味だ。選挙民がトランプの言動にEinfühlungしている。つまり感情移入しているのだ。

感情移入を意味する「共感」と「世界観」が結びつくと、一つの世界観に魅了された多くの熱狂的ファンが住民となるワールドが創造される。

哲学的意味での「世界観」は、この世界やそこに起こる出来事、そして人間がこの世で生きて死ぬことの意味など、世界を全体として意味づける観方や考え方をいう。だが、最近、ブランドやハイテック企業創業者を語るときによく使われる「世界観」は本来の意味とは微妙に違う。

「ミレニアル世代が創る世界」という見出しの日本経済新聞の記事には、「この世代は電気自動車テスラの創業者であるイーロン・マスクの世界観を見て投資する」と書かれていた。こういった使い方をされるときの「世界観」は、日本のアニメやコミック、ゲームやライトノベルといった業界で使われている「世界観」の意味合いに近い。

批評家、大塚英志氏の著書『キャラクター小説の作り方』によると、日本で80年代末あたりからアニメ業界で使われ、それが漫画業界にも広まっていったとされる「世界観」とは、キャラクターが自分が住む「世界」をどのように観て受け止めているかということだそうだ。

架空の「世界」を読者にリアルに感じてもらうには、その世界に根差した「ものの見方や行動」をするキャラクターが不可欠だ。そして、読者や観客にはキャラクターに共感（感情移入）してもらうことが必要だ。そうすれば、読者や観客がキャラクターの目を通じて同じ世界を観ることになる。

「強い個性をもった企業やブランドでなければ、競合他社との差別化はできない」とよく言うが、個性では生ぬるい。架空、空想、非現実的だとみなされるかもしれない世界を描き出し、自分の企業やブランドはこういった世界を実現できると主張し、それをリアルだと信じるファンを魅了する。こういったことを可能にする企業（経営者）でなければ現代の市場では大きな成功を収めることはできない。

米大統領選で言えば、キャラクターであるトランプに共感した（感情移入した）支持者たちは、トランプを通じて彼の世界を観るようになる。だから、その世界観にはまっていない人間には明らかに嘘であっても、支持者にとってはその世界における事実が真実になる。これがポスト真実の実態だ。

米国の多くの選挙民が「トランプは私と同じ考え方や世界の観方をするから信頼できる」と共感した。つまり支持者たちは、「トランプ候補の主張に自分がみたい世界観をみたのだ」と書いてもいい。だが、もっと厳密に描写すれば、自分たちが感情移入したトランプを通じて、彼がつくりあげた「世界」を観たのだ。

スティーブ・ジョブズが開発したパソコン「マック」には世界観があったと書いてもいいが、厳密には、マックを通じて、購買客はジョブズの創りあげた世界を観たのだ。そして、ジョブズが作り上げた世界の住民にいったんなれば、アップルが出す製品は、携帯情報端末「ニュートン」のように、たとえ一般的には失敗作だと判断されても、熱狂的ファンの住民にとっては失敗作ではなくなるのだ。

同じように、トランプがつくりあげた世界に入れば、彼の言うことすべてが正しいと感じられる。だから、失言、暴言で一般的支持率が低くなっても、コアのファンは支持し続ける。

世界観と共感（感情移入）が結びついたとき、その世界を創造した人間（経営者、創業者、開発者）、企業、ブランドへの忠誠心は非常に強いものとなる。

マーケティングでは、「顧客の共感を呼ぶような商品やサービスを開発する」とよく言われるが、こういった文脈における「共感」はたんなる「興味」くらいの重さしかない。「顧客とともに体験をつくりあげる価値共創によって共感を呼ぶ」とも言われるが、ここにも少し勘違いがあるような気がする。

「価値共創」は、実は（ビジネス誌の主張とは異なり）、価値を顧客とともにつくりあげているわけではない。企業（あるいはブランド）が創造した「世界」のなかで、顧客にも、（たとえば、）ものづくりを体験してもらう。つまり、企業がつくった「世界」のなかで、顧客にキャラクターを演じてもらうのだ。キャラクターの目で世界を観るわけではなく、自分自身がキャラクターを演じるのだから、これ以上の感情移入はないだろう。

強制される世界観か、心酔する世界観か

価値共創の成功例としてレゴが紹介される。プラスチック製のブロック玩具をつくるデンマークの会社だ。世界中の熱狂的ファンを会員として組織化し、その知恵を製品開発に取り入れているとか、また、ファンが自ら組み立てたレゴをサイトに登録し、ファン投票で1万人の支持を得れば製品化されることもあり、そうなれば売上の1％をもらうことができる

……などが、顧客との価値共創の具体例として紹介される。

だが、レゴは顧客といっしょに世界をつくっているわけではない。レゴの世界はすでに存在していた。その世界に熱狂的ファンは感情移入することで住民となっているのだ。

新しい価値を創造することにおいて、顧客の力を借りようなどという自己主張のない発想はやめにしたほうがいい。まず、企業（経営者）が自分の世界観をもち、その世界観の設定に基づいて商品やサービスを開発する。そして、その世界観に共感した人たちが吸い寄せられるように呼びこまれる。独自の「世界観」のなかでつくられ発信される価値は感情を喚起しやすい。

結論をいえば、「価値」は顧客の考え方や感じ方のなかに見つけるのではなく、企業（経営者）の世界観のなかに存在するものだ。そして、独自の世界観をもつ企業（経営者）は顧客だけでなく従業員をもひきつけることができる。

組織が大きくなりルールが多くなっても、強い世界観があれば、従業員は自由を制限された束縛感を感じるよりは、同じ世界のなかで何かを創造する満足感のほうをより強く感じることができるはずだ。

「創業の理念」は、どこまで残すべきか

強い「世界観」は創業者がつくりあげたものである場合が多い。日本でも、ホンダの本田宗一郎、ソニーの井深大、そしてサントリーの鳥井信治郎などの名前が浮かぶ。

アップルのスティーブ・ジョブズやテスラのイーロン・マスクによる未来や創造性に重点を置く世界観に比べて、日本企業の名経営者の世界観が、会社経営とはどうあるべきか、人間とはどうあるべきかといった観点に重点が置かれているように思えるのは、時代の違いもあるだろう。また、産業の違いもあるかもしれない。

米国でも航空サービス業であるサウスウエスト航空創業者ハーバート・ケレハーの世界観は「みんなで楽しく働こう！」に要約できるが、基本としてあるのは「人間一人ひとりの個性、独創性、主体性の尊重」だ。

創業者がつくった世界観は、残念ながら、創業者の死とともに次第に消えていく。だが、創業者がつくった世界観に魅了された従業員が、それをストーリーとして後輩たちに伝えていくことによって、従業員が共有する仕事観や行動様式としてその企業独特の経営理念や企

業文化として残る。

創業者の世界観を後世に伝えていこうとするとき問題となるのが、創業者の考え方をどのようにどこまで残すかだ。時代が変われば社会も変わる。世界観の設定の細かいところ、たとえば、創業者が語ったこと信じたことすべてを遵守していこうとすれば、現実とのずれが生じる可能性がある。出光興産の例はひとつの教訓を提供してくれる。

出光興産が最近になってメディアによく登場したのは、企業文化を守ろうとする創業者一族と、昭和シェルと合併しなければ国際競争に勝てないとする現経営陣との対立が注目を集めたからだ。

創業者一族に対して、結局は金銭にからむ問題があるのだろうなどと一部で言われていた。だが、創業者・出光佐三のような気骨ある人物を父や祖父にもてば、佐三の精神を会社に受け継いでもらいたいと思うのは当然のことだろう。企業文化は会社とともに死ぬ。破綻しても死ぬが、他社と合併しても死ぬだろう。創業者一族にとっては、合併して企業文化が消えることになれば、それは違う会社になることで、ある意味、創業者がつくった出光興産という会社は死んだことになる。

とはいえ、現経営者側からみれば、会社を存続させるには合併しなければいけない。それを理解してもらえないいらだちを抑えられない気持ちであることもよくわかる。

創業者一族は2006年の上場の際にも反対した。なぜなら、上場して、常に成長を求められるようになれば、今回のように、合併とかリストラをしなければいけなくなる。「会社の理念を社外から左右されたくない」と反対した。もっとも、上場を余儀なくされたのは、90年代に有利子負債が最高2兆円を越したからだ。負債がここまで巨額にふくらんだ理由として、佐三の主義を遵守したことが挙げられた。

上場前の出光興産には七不思議があるとされた。①クビ切りがない、②定年制がない、③労働組合がない、④出勤簿がない、⑤給料を発表しない、⑥給料は生活の保証であって労働の対価ではない、⑦残業手当を社員が受け取らないといった項目だ。

これは、佐三が残した5つの主義方針、①人間尊重、②大家族主義、③独立自治（権限移譲）、④黄金の奴隷たるなかれ（金儲けは主目的ではない）、⑤生産者より消費者へ（社会の利益に貢献する）――にもとづいているとされる。

この5つの主義方針自体は古めかしいところがなきにしもあらずだが、人間を、そして社員の人格を尊重し、社員を信頼し権限を委譲し、会社の目標は社会貢献にありという内容は現代の多くの企業が見習うべき内容だ。

だが、会社はひとつの大きな家族だとする「大家族主義」や社員の独立性を尊重する「独立自治」の方針自体は正しくても、創業者が亡くなり組織の求心力が失われたあとは、そういった方針を後ろ盾に社員が好き勝手にやる野放し経営になってしまったとも言われる。「独立自治」の方針の下に、部長や支社長に権限が大胆に移譲されていたために、社長に直訴して了承をとれば、本部の部長クラスも銀行から設備資金を借り入れることができた。支店は独立決算性で人材採用から給与水準の決定まですべて権限移譲されており、銀行から運転資金を借り入れるまで任されていたという。

「規則がないのが最もよい規則」というのは、いまのスタートアップ企業が好みそうな社風だが、90年代になってのバブル崩壊、石油製品の輸入自由化で競争が激化するなか、創業者の強いリーダーシップのない組織では自由放任は悪い結果しか招かなかった。

有利子負債が2兆円に膨らんだのは佐三の親族の経営の下でのことだから責任を感じたのだろうか、創業者一族は、２００６年の上場を最終的には了承している。だが、昭和シェル石油との合併には断固戦う姿勢をぎりぎりまでくずさなかった。

上場後は内部統制もでき、出勤簿がないとか残業代はもらわないとかいう七不思議のいくつかは消えていった。

後知恵バイアスになるが、創業者の主義すべてを守るのではなく、時代や社会が変わっても通用する創業者の精神を表象するものだけに絞っていれば、その後の会社の業績も変わっていたかもしれない。創業者の主義すべてを守ろうとした結果として、創業者が最も嫌い、「株式公開は創業以来の信念の破壊であり、出光の堕落である」と激しい言葉で否定した株式上場をせずにすんだかもしれない。

創業者が残した主義すべてを守ろうとするのは、ある意味、現状維持バイアスであり、変化を恐れることだ。それは、出光佐三の精神とは相反することであろう。

「やってみなはれ」と重なるアマゾンの「反対だがコミットする」

たとえば、サントリーは、企業理念のなかの「わたしたちの価値観」として鳥井信治郎が言ったとされる「やってみなはれ」と「利益三分主義（事業で得た利益は、事業への再投資、得意先・取引先へのサービス、社会への貢献と3つに分けるという考え方)」を掲げている。

創業者が語った言葉すべてを守ろうとすれば、新しい時代にそぐわなくなることもある。肝心なのは、中核となる価値観、創業者の精神を社風として残すことだ。

余談だが、アマゾンのCEOジェフ・ベゾスが2017年に株主に送った手紙のなかで、サントリーの「やってみなはれ」を彷彿させる言葉を書いていたので紹介したい。

ベゾスは、アマゾンという会社が大企業病にならないために採用している施策をいくつか紹介している。たとえば、新興企業のエネルギーとダイナミズムを維持するためには意思決定を素早くする必要がある。だが、「ほとんどの場合、自分が欲する情報の70%で決断をしなくてはいけない。90%の情報が集まるまで待とうとすれば、激しく変化する時代では決断したときには遅きに失することになる」。

だから、アマゾンでは、「反対だがコミットする(disagree and commit)」という考え方を採用していると書いている(「反対だが」と訳したが、原文は but ではなく and になっていることに留意してほしい)。

つまり、そのプロジェクトには反対だ。それでも、君たちが提案するプロジェクトに私は投資するとCEOが言う。逆にCEOが出したアイデアに、部下から反対意見が出てまとまらない。そんなときに、「君たちのなかに反対意見があることも聞いた。そのうえでやってみようと思う。だから協力してくれ」という。

「disagree and commit」には、鳥井信治郎の「やってみなはれ」に共通するところがある。「やってみなはれ」は必ずしも賛成したということではないだろう。反対、あるいは、反対とはいかなくてもちょっと懸念があったかもしれない。すべてをひっくるめて、創業者としてトップ経営者として、君のやろうとしていることにはコミットする、と言っているのだ。

サントリーの鳥井信治郎がつくった世界における価値観は、時代や国、そして産業が異なっても通用するということだ。企業が絶対に忘れずに後世に残すべきは、こういった価値観や精神でなくてはいけない。

「チャレンジ」を変容させてしまった東芝

会社の世界観をつくるのは創業者とは限らない。新しい価値観をもち込むことで、一度は消えそうになった会社の命に火をともす経営者もいる。

たとえば、1960年代に東芝を立て直した土光敏雄は「チャレンジ・レスポンス」というスローガンを掲げて、上層部が人事抗争に明け暮れた組織の従業員に、上層部と部下が信頼しあって仕事をすることの意義を浸透させようとした。

土光は日本経済新聞の「私の履歴書」で、チャレンジ・レスポンス経営は、経営層と現場との対話を促すための仕組みだったと語っている。チャレンジには通常よく使う「挑戦する」という意味以外にも「説明を要求する」という意味もあるとしたうえで、こう語っている。

「事業部に全面的に仕事を任せはしたが、彼らが目標を達成できなかったときには『チャレンジ』する。自分たちが決めたことがなぜできなかったのか、その説明を要求し、議論を呼びかける。そこで、相手は素早くレスポンスしなければ（答えなければ）ならない。チャレンジとレスポンスのなかで活発なバイタリティと相互の信頼関係が生まれる」

チャレンジするのは経営者の特権ではない。部下もチャレンジできるというエピソードも紹介している。

「東芝が、はじめて本格的にエレベータを製造し始めた時、私は西武百貨店の堤清二氏に会って、直接これを売り込んだ……社員と同格なのだから、社長がセールスマンになるのは、当たり前のことだ……突然秘書から、今日はどこどこの社長に会って、何々のセールをしてくださいと言われ、のこのこ出かけるわけである。このような事態は、部下からのチャンンジなのだから、私は黙ってレスポンスするのである」

チャレンジ・レスポンスというスローガンには、会社という組織や仕事をするということに対しての土光の世界観が表れている。そして、この世界観に共感した従業員は頑張って仕事をしようという気持ちになったことだろう。

土光は社長としての7年間で東芝の財務の立て直しには成功した。だが、東芝の企業文化を変えるには7年は短すぎたようだ。

2015年に発覚した東芝の不正会計は、3代の社長をとおして、「チャレンジ」というスローガンのもとに過度の目標を社員に強いたことが原因だといわれる。土光が使った「チャレンジ」という言葉の意味が、いつのまにか、トップが要求する高い必達目標数値に挑戦することを意味するようになってしまった。

また、部下と上司の双方向の関係を成立させる「レスポンス」が削除されるとともに、無理な会計操作に手を染める粉飾文化が会社全体に広がっていた。

大企業は変化の時代にそぐわない

もはや大きな市場は存在しないことを、まず、認識しなくてはいけない。少子化の進む日本では市場自体が縮小している。モノ余りで情報過多の時代においては、「とがったもの」しか売れないと言われるが、「とがっている」ということは、対象となるターゲット市場は熱心な顧客で成り立っているとしても規模としては小さくなる。

つまり、大企業を満足させるような規模の市場は存在しないということだ。それは、創業しても大きな企業に成長する確率は非常に低いということだ。大きくならなくてもいい、という結論を出す起業家もいることだろう。イノベーションを促すために小さい組織を選択する経営者もいる。自由な意思決定がしたい、敏速で融通性ある経営をしたいと非上場を選択する企業もみられるようになっている。

第1章でも書いたように、会社はいったい誰のために存続しなくてはいけないのか？　顧客？　株主？　従業員？　すべてのステークホルダーのためだと答える経営者も多い。だが、存続すること自体が目的化して、無理に存続しても、すべてのステークホルダーに満足を提供することはできないだろう。

小さな組織が独自の「世界観」で小さな市場を魅了する。このビジネスモデルは、いまの不確実な時代、ともすると感情優位になりやすい時代に適応しやすいビジネスモデルだ。他との差別化や顧客との感情的結びつきにおいても強い力を発揮する。

そのうえ、こういった組織の従業員は働くことに生きがいを感じることができるだろう。なんといっても、共通した「世界観」のなかで働いているのだから。小さな市場対象では大きな売上は期待できない。でも、働くことから得る満足度は大きい。これは、不安や恐怖に敏感になりやすい変化の時代には重要なことだ。

あまりに大きく、あまりに複雑になった組織を抱えた日本の経営者のなかには、構造改革の名のもとに、多くの事業部を売却あるいは清算し、真に利益を生む、自分たちが真に得意とする分野だけに思い切って特化していけたらどんなによいだろうと思っている人も多いに違いない。

勇気をもって実行すべきだ。シャープや東芝がずっと以前にそれを実行していたなら、シャープは買収されることもなく、東芝も苦境に陥ることはなかったであろう。

変化の時代においては、経営管理するには手に余る大きさの組織は、遅かれ早かれ、縮小を余儀なくされるようになる。それを自ら実行するか、買収され他社の手によって実行されるのを待つか、あるいは会社更生法を申請するか……。いずれにせよ、存在理由が明確でない企業がこれからの生存競争を生き残ることはできない。

小さな組織が大きな組織よりも選ばれる傾向が高くなるのは、ターゲット市場のマイクロセグメント化への対応、イノベーションの促進、変化に適応するための融通性、経営者（あるいは会社）の世界観が全社員に浸透しやすい、その結果として社員の働くことへの満足度が向上する……などの要因がある。

もちろん、そういった小規模企業の利点を生かしながら大きくなる方法はある。小さな会社をいくつか傘下に置いてグループとして大きくなる。昔の多角化と大きく異なる点は、傘下にある企業の独立性を重んじ、親会社の役割は各企業の発展を促すための資金配分が中心となる。たとえばグーグルの親会社アルファベットが採用している考え方だ。著名投資家ウォーレン・バフェットが率いるバークシャー・ハザウェイの投資家的観点にもとづくポートフォリオ管理が基本となっている。

バークシャーはもともと投資会社であったが、株式をタイミングよく売買して儲けているのではない。利益の80％あまりは長期保有する投資先企業の利益からなる。いまでは、傘下に15以上の企業を抱える複合企業となっている。

ブランドの個性を重要視するファッション業界では、エスティ ローダーグループの経営手法も成功している。エスティ ローダーは、クリニーク、ボビイブラウン、M・A・C、ドゥ ラ メールなど多くの個性的化粧品ブランドを傘下に抱える。このうち、クリニーク以外は、ブランドがまだ小さいうちに買収あるいは資本投資して傘下に収め、経営は創業者に任せているところがほとんどだ。

異なる業種の企業を買収して傘下に置くポートフォリオ経営とは真逆のやり方で、成長の可能性が高い事業部を新会社として切り離す動きも出ている。外部からの投資を呼び込むことが可能になり、そのぶん、成長スピードを高めることができると言われている。

「一業一社」の原則で、会社を分割する

企業の事業部門を分離して別会社とすることで、異なる業種のいくつかの企業からなるグ

ループを１９００年代前半に構築した経営者がいる。６代目森村市左衛門だ。

森村市左衛門は、江戸時代から続く武具と馬具を商う森村家の当主が代々襲名した名前で、６代目は安政の大震災で無一文となった。どん底から再起して、財閥と呼ばれる企業グループを築くまでになった名経営者である。

１８７６（明治９）年、森村市左衛門は、日本最初の貿易商社森村組（現森村商事）を立ち上げ、明治期に陶磁器や雑貨の対米輸出で大きく発展した。その後、商品を仕入れるだけでなく、陶磁器の製造にも参入し、１９０４年に日本陶器合名会社（現ノリタケカンパニーリミテド）を設立した。

その後、１９１７年には日本陶器の衛生陶器部門を分離して東洋陶器（現ＴＯＴＯ）を、次いで１９１９年には碍子部門を分離して日本碍子（現日本ガイシ）を設立した。市左衛門が亡くなったあとにも、１９３６年に、日本ガイシから自動車プラグ事業を分離独立して日本特殊陶業が設立されている。

会社がある程度の規模になると事業部を切り離して新しい会社をつくったのは、市左衛門の「一業一社」の考え方による。そこには、市左衛門の「いかなる事業も二兎は追わずに一つの経営に専心すべき」との経営理念が基本にある。この考え方は、ターゲットセグメントを選択し、それに集中するという現代の考え方に通じるものがある。

「人は感激に生き保守に死す」

本書を終わるにあたって、土光敏夫と森村市左衛門という2人の名経営者に関連して2つの言葉を紹介したい。

土光敏雄は「チャレンジとレスポンス」という言葉を、歴史家アーノルド・トインビーの本を読んでいて見つけたと語っている。たしかに、トインビーの『歴史の研究』という本は、日本でも1966年から72年の間に全25巻が発刊されている。この長い著作のなかで、トインビーは文明の興亡を「チャレンジとレスポンス」で次のように説明している。

「文明は、それまでの暮らしが続けられなくなるような大きな困難や脅威（チャレンジ）に対処して人々が行動（レスポンス）することによって生まれる。チャレンジは人口の増大、生存に必要な資源の枯渇、気候変動であったりする。そういったチャレンジに対して、強い指導者たちが創造性ある解決策を見出し行動することにより文明は興隆する。そして、その指導者たちが創造的なレスポンスを止めたときに文明は崩壊する」

トインビーは『歴史の研究』で、「社会（文明）に自然死はない。社会は自殺か殺人で死ぬ」と書いている。そして、ほとんどの場合、社会は自殺で崩壊すると続けている。

「会社も同じだ」と土光は考えたのではないだろうか。会社がダメになるとき、経営者は、新興国との競争激化だとか新しいテクノロジーの登場だとか、様々な外部要因を挙げ連ねる。つまり、外部の要因に殺されたとのだと釈明する。

だが、会社がダメになるときの真の原因は、ほとんどの場合、内部要因によるものだ。外からのチャレンジに迅速にかつ創造的にレスポンスしなかったということは、結局は、自殺なのだ。自殺という言葉が不適切であれば、自滅あるいは自己崩壊と言ってもいい。

虚栄や嫉妬が招く派閥争いの結果として会社が統治不全になるとしたら、それはまさしく組織の自殺である。無私の人と評された土光には、そういった欲望を抑制できない人間が経営者になること自体が信じられないことだったろう。

ノリタケカンパニーリミテドには「人は感激に生き保守に死す。世物みな進むありて止まることなし」という文字を焼き付けた白い皿が大切に保存されている。筆を執ったのは創業者の森村市左衛門だ。

市左衛門も無欲の人と評された。無私とか無欲の人と言われても、人間である限りは欲望も衝動もある。だが、それを理性で抑制できるから無私、無欲になれるのだ。

人間は「ある程度の理性をもったサル」と自覚せよ

理性で感情を抑制することは簡単にできるわけではない。森村市左衛門もそれなりの経験、知識を積んだうえで人知れず努力もしていたことだろう。だからこそ、感情の威力も知っていたはずだ。人間の力を最大限発揮させるのも、また、無力にしてしまうのも感情だということを熟知していたはずだ。

「人は感激に生き保守に死す」……感激、感動があれば人間はひとつの目標に向かって突き進むことができる。だが、変化を恐れて現状維持バイアスに陥れば、「保守に死す」。

「世物みな進むありて止まることなし」……変化の時代において、人間の感情を突き動かすことができる人間だけが組織の長となれる。だが、他人の感情を云々するよりもっと重要なことは、自分自身の本能的感情（欲望や衝動）の存在を意識し自制に努めることだ。

多くの経営者は論理的に考える力をもっているはずだ。だが、自らについて「理性だけで意思決定している」と思い込んでいるところから問題が発生する。

自分がこの意思決定をするのはどうしてか、真の理由を隠し他の理由で正当化しようとしていないか、真の理由はライバルに勝ちたいからか、社会的地位や名誉を得たいからか、リスクをとるのが嫌だからか、まわりに無能だと思われたくないからか？……。

書き出したらきりがない。組織の長は自分の無意識の動機や「認知バイアス」の存在を常に意識し自己分析する必要がある。

所詮、人間は、「ある程度の理性をもったサル」なのだ。その事実を謙虚に自覚しなければいけない。

参考・引用文献（引用順）

第１章

1. 東京商工リサーチ、２０１４年「倒産企業の平均寿命調査」
2. Credit Suisse Equity Research, Global Equity Themes 8/24/2017
3. 「楽天は物流投資に消極的になったのか、拠点〝半減〟が意味するもの」日経コンピュータ　３／10／２０１４
4. Peter F. Drucker, *The Practice of Management*, HarperBusiness;Reissue Edition 2006
5. 企業レポート「富士フイルムホールディングス」週刊ダイヤモンド　１／12／２０１３
6. 「写真のプリント減った84%　スマホやデジカメ普及で」日経電子版　８／２／２０１５
7. 企業の活路「富士フイルム」プレジデント　10／29／２０１２
8. 伊藤友則「最適資本構成は『最適』か」一橋ビジネスレビュー 2014WIN.
9. Ito Tomonori and Jesper Edman, *Fujifilm and Kodak: Surviving the Digital Revolution* (*B*), Graduate School of International Corporate Strategy, Hitotsubashi University 2014
10. *A Trend for the '90s: Shareholder Muscle-Flexing*, LATimes 11/25/1992
11. *A New Sense of Urgency at Kodak*, The New York Times 5/3/1993

12. 「勝ちにこだわって生き延びた」週刊東洋経済　4／19／2014
13. Charles Hill, et. al., *Strategic Management Theory: An Integrated Approach*, Cengage Leaning 2009
14. 「中年のゆがんだ〝Ｍｉｘｉ愛〟」東洋経済オンライン　12／4／2012
15. 「『足あと』改変の反対の声は『重い』とｍｉｘｉ　慎重にチューニングへ」ITmedia news　9／6／2011
16. 「悩めるミクシィ、笠原社長の誤算と覚悟」日経電子版　11／22／2012
17. 「ミクシィ、身売りを検討」日経ビジネス　5／15／2012
18. *Intel CEO: Data is The New Oil*, The FUSE, 11/15/2016
19. *Company news; Sears to Test Use of Other Credit Cards*, The New York Times, 11/13/1992
20. *Sears Shifting Aim Back to Retailing*, The New York Times, 9/30/1992
21. *Sears – where America shopped*, CRAIN'S 4/21/2012
22. *Tesco, what went wrong?*, BBC 10/22/2014
23. *Tesco reports record £6.4bn loss*, The Guardian 4/22/2015
24. *Tesco: How one supermarket came to dominate*, BBC 9/9/2013
25. *Clubcard built the Tesco of today, but it could be time to ditch it*, Telegraph 1/16/2014
26. *Tesco eyes £1bn from bank sale*, Telegraph 11/1/2014
27. *Retailers: Trust the stores to get into banking*, Financial Times 4/28/2010

28. 「楽天『2年で独自物流網』」日本経済新聞　1／31／2018
29. 「いきなり研修部屋へ、ミクシィ不可解人事」週刊東洋経済　11／5／2013
30. 「本業「消失」から「創出」へ、富士フイルム苦闘の記録」週刊東洋経済　4／19／2014
31. 「創意のシャープ復活は」朝日新聞　8／12／2017
32. https://en.wikipedia.org/wiki/List_of_oldest_companies, list of oldest companies
33. 帝国データバンク研究報告「長寿企業28、972社を分析」帝国データバンク史料館

第2章

1. 鈴木敏文『朝令暮改の発想』新潮社　2008年
2. 「価値と価格の関係」セブン&アイ+　2015年10月号
3. Lou Pritchett, *Stop Padding and Start Rocking the Boat*, Authors Choice Press 1995
4. 「『流通がみとめられた』中内・ダイエー社長、経団連副会長内定に喜び」朝日新聞　12／11／1990
5. 「中内・経団連副会長（編集長インタビュー）」朝日新聞　2／9／1991
6. 「経団連に入っている意味もないしね、正直言って」日経ビジネスオンライン　2／20／2012
7. ルディー和子『合理的なのに愚かな戦略』日本実業出版社　2014年
8. 「業界保護行政はもう結構だ（社説）」朝日新聞　7／31／1991

9. 「流通現代史31&32」日経流通新聞　7／20／1991&7／23／1991

10. 中嶋嘉孝「家電メーカーにおけるマーケティングチャネルの変遷」大阪商業大学論集161号

11. 「松下電器とダイエー、根深い対立雪解け間近?——水面下で駆け引き続く」日経流通新聞　5／4／1989

12. *Amazon ignites culture clash over France's beloved bookstore*, The Seattle Times 8/23/2014

13. ルディー和子『マーケティングは消費者に勝てるのか?』ダイヤモンド社　2005年

14. 「特集　日本マクドナルド」日経ビジネス　7／2／2001

15. 「マクドナルド店舗売上高最高　半額セール奏功」日経流通新聞　3／3／2001

16. 「ユニクロ値下げも客離れ」日本経済新聞　4／5／2016

17. 「迷走するユニクロ、値上げ後に早くも値下げ」週刊東洋経済　4／23／2016

18. 「特集　ユニクロ　最後の破壊」週刊ダイヤモンド　2017年7月8日

第3章

1. *World seeing 'greatest monetary policy experiment in history' – Rothschild*, RT com.8/17/2016

2. *Yellen Brushes Aside Inflation 'Mystery' While Fed Eyes Rate Hike*, Bloomberg 9/21/2017

3. Transcript of Chair Yellen's Press Conference Dec.13, 2017

4. Paul Krugman, *How Did Economists Get It So Wrong?*, The New York Times Magagine 9/2/2009

5. *After the crash, we need a revolution in the way we teach economics*, The guardian.com 5/11/2014
6. 「経済は物理でわかる」週刊エコノミスト　５／31／２０１６
7. *The core of truth behind Sir Isaac Newton's apple*, The Independent 1/18/2010
8. 根井雅弘『経済学の歴史』講談社学術文庫　２００５年
9. *The art and science of economics at Cambridge*, The Economist, Christmas issue 2016
10. Alfred Nobel, Encyclopedia Britanica
11. *There Is No Nobel Prize in Economics*, Alternet 10/12/2012
12. *Nobel descendant slams Economics prize*, The Local 9/28/2005
13. *The curious story of the nobel prize for economics*, Make Wealth History 10/17/2013
14. *The Political Slant of the Nobel Prize in Economics*, The Atlantic 10/9/2016
15. Is Mathematics Beautiful? cut-the-knot.org.
16. Semir Zeki, et.al., *The experience of mathematical beauty and its neural correlates*, Frontiers in Human Neuroscience, Feb.2014
17. *Why Does Beauty Exist*, WIRED 7/18/2011
18. John Maynard Keynes, *The General Theory of Employment, Interest, and Money*, p.297-298

第４章

1. ダニエル・カーネマン『ファスト&スロー』下巻、早川書房　２０１２年
2. *Seven lucky ways that gambling changed maths*, the guardian, 5/5/2016
3. Chevalier de Mere Profile, REAL MONEY.co.uk
4. *Why Our Brains Do Not Intuitively Grasp Pobabilities*, Scientific American 9/1/2008
5. *How Randomness Rules Our World and Why We Cannot See It*, Scientific American 10/1/2008
6. Pascal's Wager, Stanford Encyclopedia of Philosophy
7. Blaise Pascal, *Pansees 233*, The project Gutenberg EBook
8. *The St. Petersburg Paradox*, Stanford Encyclopedia of Philosophy
9. *Mathematical mysteries: The gentlemen from Basle and the Petersburg Paradox*, +Plus Magazine, 11/1/2002
10. Daniel Bernoulli, *Exposition of A New Theory on the Measurement of Risk*
11. イツァーク・ギルボア、松井彰彦訳『合理的選択』みすず書房　２０１３年

第５章

1. 鈴木敏文『朝礼暮改の発想』新潮社　２００８年
2. Itamar Simonson, *Choice Based on Reasons: The Case of Attraction and Compromise Effects*,

Journal of Consumer Research Sept.1989

3. 友野典男『行動経済学』光文社新書　２００６年

4. Cass R. Sunstein and Richard Thaler, *The two friends who changed how we think about how we think*, The New Yorker, 12/7/2016

5. リチャード・セイラー『行動経済学の逆襲』早川書房　２０１６年

6. *The Endowment Effect: Do You Overvalue Your Investments?*, Charles Schwab 2/17/2017

7. *Investors psyched by the endowment effec*t, Financial Times 11/25/2015

8. Karin L. Akre and Sonke Johnsen, *Psychophysics and the evolution of behavior*, Trends in Ecology & Evolution xx 2014

9. Lav R. Varshney and John Z. Sun, *Why do we perceive logarithmically?* Signifiannce 2/15/2013 MIT RLE

10. *What number is halfway between 1 and 9? Is it 5 or 3?*, MIT News 10/5/2012

11. *A Short History of the Weighing Scale*, Nokia Health

12. P. R. Dickson & A. G. Sawyer, *The Price Knowledge and Search of Supermarket Shoppers*, Journal of Marketing　July 1990

13. 「数字脳を鍛える！」、週刊ダイヤモンド　２００８年６月７日

14. *What the AI behind AlphaGo can teach us about being human*, Wired, 5/19/2016,

15. DeepMind 4億ドルの超知能 WIRED　5/3/2016
16. 「なぜ「囲碁」だったのか。なぜ「10年かかる」と言われていたのか?」WIRED　3/15/2016
17. 「黒37手と白78手」WIRED　2016 Special
18. *How the Computer Beat the Go Master*, Scientific American 3/19/2016
19. *Intuition May Reveal where Expertise Resides in the Brain*, Scientific American 5/1/2015
20. *Can we open the black box of AI?*, Nature 10/5/2016
21. 「棋界、ＡＩに完敗の衝撃」、朝日新聞　６／９／２０１７
22. 「大塚家具、母、千代子氏が裁判で娘を痛烈批判／資産管理会社を巡り、まだ終わらぬお家騒動」東洋経済オンライン　10／21／２０１５
23. 「検証・大塚家具　父娘の対立の陰で進んだビジネスモデルの劣化」日経トップリーダー　２０１７年5月
24. 「大塚家具　騒動の真相　父はなぜ、娘を敵視するのか?」日経トップリーダー　２０１５年4月
25. 「父娘、手腕問われる新路線」日経ＭＪ　4／22／２０１６
26. アントニオ・Ｒ・ダマシオ『デカルトの誤り』ちくま学芸文庫　２０１０年

第6章

1. スティーブン・ピンカー『暴力の人類史』上下巻　青土社　２０１５年

2. 「殺人事件、戦後初めて１０００件下回る　13年警察庁まとめ」日本経済新聞　１／10／２０１４
3. 「特集　子どもの脳と心」日経サイエンス　２０１６年3月号
4. SF. Brousnan & FB Waal, Monkeys reject unequal pay, Nature 425, 2003
5. Megan van Wolkenten, et.al., *Inequity responses of monkeys modified by effort*, PNAS Nov20 2007
6. 「人事評価に「不満」４割」日本経済新聞　３／３／２０１５
7. ロビン・ダンバー『ことばの起源』青土社　１９９８年
8. ルディー和子『格差社会で金持ちこそが滅びる』講談社＋α新書　２０１５年
9. 「独身組の不公平感なくせ」日本経済新聞　５／11／２０１５
10. 大鹿靖明『東芝の悲劇』幻冬舎　２０１７年
11. 「東芝解体　迷走の果て（上）」日本経済新聞　10／１／２０１７
12. *The Limits of Friendship*, The New Yorker, 10/7/2014
13. R.I.M.Dunbar, *Neocortex size as a constraint on group size in primates*, Journal of Human Evolution June 1992
14. *The magic number: this is what happens when companies hit a certain number of employees*, Quartz 12/12/2016
15. Nina Marsh, et.al., *Oxytocin-enforced norm compliance reduces xenophobic outgroup rejection*, PNAS 2017

16. 登張真稲「共感の神経イメージング研究からわかること」発達心理学研究　２０１４年
17. *Tracing the Origins of Human Empathy*, The Wall Street Journal 9/25/2009
18. 「ミレニアル世代が創る世界」日本経済新聞　5／3／２０１７
19. 大塚英志『キャラクター小説の作り方』角川文庫　２００６年
20. 「出光興産試練の上場（1）～（5）」日経産業新聞　11／19／２００１～12／6／２００１
21. 「出光創業家の乱（1）～（4）」日本経済新聞　8／17／２０１６～8／20／２０１６
22. 「出光興産創業96年目の大改革」週刊ダイヤモンド　11／18／２００６
23. 「私の履歴書復刻版　第四代経団連会長　土光敏夫」NIKKEI STYLE
24. 「東芝解体　迷走の果て（上）」日本経済新聞　10／1／２０１７
25. 「米国最強の複合企業に」日本経済新聞　8／18／２０１５
26. *Is the New Google More Like Berkshire Hathaway, General Electric or AT&T?*, The New York Times 8/11/2015
27. 森村商事株式会社 http://www.morimura.co.jp/history/history_01.html
28. 「揺らぐ一業一社」日本経済新聞　8／19／２００３
29. 「岐路に立つ森村グループ上下」日本経済新聞　4／25&4／26／２００１
30. Jurgen Schmandt and C. H. Ward, *Challenge and response*, Cambridge University Press
31. 「会社の金言ノリタケカンパニーリミテド」日本経済新聞　11／21／２００５

32. 砂川幸雄『森村市左衛門の無欲の生涯』草思社 1998年

ルディー和子 るでぃー・かずこ

米化粧品会社マーケティング・マネジャーや米出版社ダイレクトマーケティング本部長、その後、早稲田大学商学学術院客員教授や立命館大学大学院教授を経て、現在ウィトン・アクトン株式会社代表。株式会社セブン&アイ・ホールディングス社外監査役、トッパン・フォームズ株式会社社外取締役も務める。著書に『合理的なのに愚かな戦略』『売り方は類人猿が知っている』『ソクラテスはネットの「無料」に抗議する』ほか多数。

日経プレミアシリーズ｜367

経《けい》済《ざい》の不《ふ》都《つ》合《ごう》な話《はなし》

二〇一八年七月 九日 一刷
二〇一八年九月二十日 四刷

著者 ルディー和子
発行者 金子 豊
発行所 日本経済新聞出版社
https://www.nikkeibook.com/
東京都千代田区大手町一―三―七 〒一〇〇―八〇六六
電話 (〇三)三二七〇―〇二五一 (代)

装幀 ベターデイズ
組版 マーリンクレイン
印刷・製本 凸版印刷株式会社

本書の無断複写複製(コピー)は、特定の場合を除き、著作者・出版社の権利侵害になります。
© Kazuko Rudy, 2018
ISBN 978-4-532-26367-6 Printed in Japan

日経プレミアシリーズ 323

先生も知らない世界史

玉木俊明

「欧州大戦は3回もあった!?」「定住生活開始は世界史最大の謎」「イギリス人が紅茶を飲むようになった理由」――。「先生が知らない」知識が、世界史にはゴロゴロしています。本書は、ものしり教師も知らない新事実、新解釈がメガ盛りの、目からウロコのおもしろ世界史講座です。

日経プレミアシリーズ 329

きもの文化と日本

伊藤元重・矢嶋孝敏

かつて日本人の誰もが着ていた「きもの」。衰退の原因は生活の欧米化だけではない。古代から現代まで日本の服飾史をたどり、きもの文化がなぜ停滞し、そして今、なぜ復活しつつあるのか、さまざまな側面から考える。経済学者ときもの大手経営者による異色対談。

日経プレミアシリーズ 330

男のチャーハン道

土屋 敦

パラパラのチャーハンを作れないのは「ダメ人間」である――。そして著者の探究は始まった。火力はどうする、卵コーティングは正しいのか、油の量は、鍋は、具材は……。苦節数年、誰もが家庭で「パラパラ」にするカギが、ある身近な食材にあることを突き止める。一品で一冊、世界で一番長いレシピであなたも絶品チャーハン、作りませんか。

日経プレミアシリーズ　334

しくじる会社の法則

高嶋健夫

「社長がメディアで持ち上げられ出すと危険信号」「凋落のシグナルは、バックヤードに現れる」「ビル清掃員やタクシー運転手の評価は鉄板」……30有余年にわたり企業を取材してきたベテランジャーナリストが、豊富な経験から「しくじる会社」と「伸びる会社」を見分ける方法をシンプルに解き明かします。

日経プレミアシリーズ　337

あの会社はこうして潰れた

帝国データバンク情報部　藤森　徹

77億円を集めた人気ファンド、創業400年の老舗菓子店、名医が経営する病院——。あの企業はなぜ破綻したのか？　トップの判断ミス、無謀な投資、同族企業の事業承継失敗、不正、詐欺など、ウラで起きていたことをつぶさに見てきた信用調査マンが明かす。倒産の裏側にはドラマがある！

日経プレミアシリーズ　338

いらない部下、かわいい部下

新井健一

頭脳明晰で仕事ができる、太鼓持ちがうまい、機転抜群で空気が読める——こうした人材こそ、陰で「いらない部下」の烙印を押されているかもしれない？　職場のありかたが大きく変化するいまの時代に求められる「部下力」とはどのようなものか分析し、これからの働き方を見越した上司—部下関係の築き方について提案する。

日経プレミアシリーズ 340

不動産格差

長嶋 修

アベノミクスや東京五輪の恩恵を受ける物件はほんの一握り。大半の不動産は下がり続け、全国の空き家比率は3割に向かう。あなたのマイホームや両親の家は大丈夫ですか？――。人口減、超高齢化時代における住宅・不動産の見極め方、つきあい方を教えます。

日経プレミアシリーズ 341

バブル入社組の憂鬱

相原孝夫

バブル期の大量採用世代も、気がつけばアラフィフ。見栄張りで、なぜか楽観的で、やたら暑苦しい彼らは、現在どんな状況にあるのか。社内の評判が悪い理由、バブルvs氷河期の構造、世代特有の強みと弱み……。現実を直視し、今後バブル入社組が生きる道を、自身同世代の人事・組織コンサルタントが多くの事例から考える。

日経プレミアシリーズ 348

他人をバカにしたがる男たち

河合 薫

駅やコンビニで暴言を吐く、上だけを見て仕事する、反論してこない人にだけ高圧的、相手の肩書き・学歴で態度が別人――こんな人、気になりませんか？　本書では、女性の中でも進む、現代人の「ジジイ化」に焦点を当て、健康社会学の視点から、わが国にはびこる「ジジイ」と「粘土層」の生態を分析。70歳現役社会で男女が輝くヒントを紹介します。

日経プレミアシリーズ356

なぜ中国人は財布を持たないのか

中島 恵

爆買い、おカネ大好き、パクリ天国――。こんな「中国人」像はもはや恥ずかしい？ 街にはシェア自転車が走り、パワーブロガーが影響力をもつ中国社会は、私たちの想像を絶するスピードで大きな変貌を遂げている。次々と姿を変える中国を描いた衝撃のルポルタージュ。

日経プレミアシリーズ357

百歳人生を生きるヒント

五木寛之

いま、日本という国は未曾有の長寿時代を迎えている。経済の不安、衰えていく体の問題、介護は誰がしてくれるのか。そこにあるのは、これまでの哲学や思想で語ることのできない、100歳までの長い道をいかに歩むかという重い課題である――。ミリオンセラー『生きるヒント』から四半世紀を経て著者が語り下ろす、まったく新しい生き方の提言。

日経プレミアシリーズ360

「北の国から」で読む日本社会

藤波 匠

フジテレビで1981年から2002年にわたって放映され、国民的な人気ドラマとなった「北の国から」。ドラマの背景となっている日本社会の激動を、東京への人口移動、大量消費社会の台頭、農業の衰退、バブル崩壊、交通事情の変化、恋愛の変遷、受験戦争、ゴミ問題など象徴的な切り口から分析する。

日経プレミアシリーズ364

2030年　未来への選択

西川　潤

未来は占うものではなく、私たちがどのように関わり、何をどう選択するかによって決まる――。人口、食料、エネルギー、資源、成長率などの公的予測をもとに、世界ガバナンスのシナリオ、資本主義の変容、ポストグローバル化のゆくえまで、2030年の世界像を深掘りする。

日経プレミアシリーズ372

〝社風〟の正体

植村修一

御社は、どんな社風、文化ですか？　こう聞かれて何も思いつかない人はいない。だが「社風、企業文化とは何か？」と問われると答えに困る。本書は、そんな「組織体質」の謎を解明し、国、地域、業界でどんな違いがあるのか、またパワハラが横行するブラック企業、不正続発の会社、イノベーションを生む会社の間にはどんな違いがあるのか詳しく解説する。御社の社風、企業文化を再点検してみませんか。

日経プレミアシリーズ373

かかわると面倒くさい人

榎本博明

シンプルな話を曲解してこじらせる、持ち上げないとすねる、みんなと反対の意見を展開せずにはいられない、どうでもいいことにこだわり話が進まない、「私なんか」と言いつつ内心フォローされたがっている……なぜあの人は他人を疲れさせるのか？　職場からご近所、親戚関係まで、社会に蔓延する「面倒くさい人」のメカニズムを心理学的見地から徹底的に解剖する。